國學初階

書林揚觶

〔清〕方東樹◎著

李花蕾◎點校

華東師範大學出版社

出版弁言

　　目前所知《书林扬觯》至少有五种版本:道光辛卯(十一年,1831)冬桐城方氏仪卫轩刊本,一册,不分卷,共八十一叶,附《刊误补义》一册,不分卷,共二十八叶;同治十年(1871)三月盱眙吴氏望三益斋重刊本,二册,上下二卷;光绪辛卯(十七年,1891)仲春重雕《方植之全集》(又题《仪卫轩全集》)本,为《方植之全集》第十九种,上下二卷;民国十三年(1924)苏州文学山房聚珍板木活字本,《文学山房丛书》二十种之一,一册,不分卷;民国乙丑(十四年,1925)七月上海中国书店据仪卫轩刻本校印木活字本,一册,不分卷。以上五种版本内容均为"十六论",即十六篇。

　　仪卫轩刊本为是书之初刻本,三益斋刊本是修订重刻本,因此并无单独成册的《刊误补义》,全书亦增加为二册二卷。《顾颉刚读书笔记·法华读书记》有"《书林扬觯刊误补义》"一条说:"方东树刻《书林扬觯》后颇多增改,其后刊有《书林扬觯刊误补义》一册,柳亚子藏书中有之。此书极少见,将来刊《扬觯》定本时可用。"按《刊误补义》本附仪卫轩初刻本之后,《书林扬觯》虽"颇多增改",而《刊误补义》即散入重刊本中,故不再单刻,亦不存在"将来刊定本时可用"问题。《顾颉刚全集·宝树园文存》卷六有"题书林扬觯赠伯祥"一条，又云："前在上海图书馆，见柳亚子先生捐献书中有《书林扬觯刊误补遗》一册，乃方植之成书后所增改。其书印行过少，故一九二五年中国书店摆印此书时未能并刊，实一缺陷，他日刊《扬觯》定本时可用也。"王伯祥《庋榢偶识》"书林扬觯十六篇"一条亦载：《书林扬觯》"一九六五年六月，颉刚见贻，伯祥志感"，"方氏尚有《汉学商兑》，与此书专攻汉学者，予亦致而读之"，中间全录顾颉刚赠书题辞。然顾、王两次均将"补义"误作"补遗"，似皆未检《刊误补义》原书及三益斋重刊本。

方东树，生于乾隆三十七年（1772），卒于咸丰元年（1851），字植之，室号仪卫轩，安徽桐城人。性情刚介，一生清贫，屡试未中，然"身虽未仕，常怀天下忧，凡遇国家大事，忠愤之气见于颜色"，晚年"取蘧伯玉五十知非、卫武公耄而好学之意，以'仪卫'名轩，学者遂称仪卫先生"（苏惇元《仪卫方先生传》）。《清史稿·文苑传》载："东树始好文事，专精治之，有独到之识，中岁为义理学，晚耽禅悦，凡三变，皆有论撰。"

方东树师从姚鼐，与梅曾亮、管同、姚莹并称"姚门四杰"，为桐城派著名学者。乾嘉时期，"汉宋之争"日益激烈，约在道光五年（1825），方东树著成《汉学商兑》三卷，认为"汉儒、宋儒之功，并为先圣所攸赖，有精粗而无轩轾"（《汉学商兑重序》），并力挺宋儒，捍卫程朱理学，言辞激荡，文笔犀利，成为清代宋学家批判汉学的代表作。有学者称,"连日读《汉学商兑》及此书,使人闻所不闻,见所不见"(张际亮《书林扬觯题辞》)。

《书林扬觯》大约和《汉学商兑》成书于同一时期,此时方东树的学术思想已趋于成熟。《汉学商兑》专驳江藩《汉学师承记》,旨在纠正清代汉学之失。《书林扬觯》虽然是一部探讨著书立说方法论的著作,全书共十六论,论述著书源流、著书不贵多、著书凡例等问题,旁征博引,但"实则穷理格物、行己立身之道悉贯乎其中"(管同《书林扬觯题辞》),全书宗旨仍归结于"君子之学,崇德修慝辨惑,惩忿窒欲,迁善改过。修之于身,以齐家、治国、平天下。穷则独善,达则兼善,明体达用,以求至善之止而已。不然,虽著述等身,而世不可欺也"(《书林扬觯·序纂十六》)。

关于清代汉宋之争,《清史稿》云:"当乾嘉时,汉学炽盛,萧独守宋贤说,至东树,排斥汉学益力。阮元督众,辟学海堂,名流辐凑,东树亦客其所,不苟同于众,以谓'近世尚考据,与宋贤为水火,而其人类皆鸿名博学,贯穿百氏,遂使数十年承学之士耳目心思为之大障'。乃发愤著《汉学商兑》一书,正其违谬,又著《书林扬觯》,戒学者勿轻事著述。"

清末皮锡瑞《经学历史》则以为:"宋儒之经说虽不合于古义,而宋儒之学行实不愧于古人。且其析理之精,多有独得之处。故惠、江、戴、段为汉学帜志,皆不敢将宋儒抹杀。学求心得，勿争门户；若分门户，必起诟争。江藩作《国朝汉学师承记》，焦循贻书诤之，谓当改《国朝经学师承记》立名较为浑融。江藩不从，方东树遂作《汉学商兑》以反攻汉学。"

按汉学与宋学同为我国重要的学术传统与文化资源，可以兼收，不可偏废。即如《四库全书总目提要·经部总叙》早已指出的："夫汉学具有根柢，讲学者以浅陋轻之，不足服汉儒也。宋学具有精微，读书者以空疏薄之，亦不足服宋儒也。消融门户之见而各取所长，则私心祛而公理出，公理出而经义明矣。盖经者非他，即天下之公理而已。"

汉宋之争虽然在《书林扬觯》一书中时有所见，但是方东树所提倡的著书不贵多、著书不足重、著书必有宗旨等观点，却放之四海而皆准，至今仍有重要的指导意义。

《书林扬觯》的通行读本，张之洞《书目答问》定为同治盱眙吴氏望三益斋刊本，近人汇编《四库未收书辑刊》亦据此本影印，但其底本中有缺页。此次点校《书林扬觯》二卷，即以望三益斋本为底本。文字异同之处，则以苏州文学山房本互校，并出校记。

李花蕾
于湖南科技学院图书馆
二〇一四年十一月

书林扬觯题辞

所论虽专为著书而发，实则穷理格物、行己立身之道悉贯乎其中。学之不讲久矣，读植之书，如在齐闻《韶》也。道光七年正月弟管同识。

心平论笃，识精指微，洵卫道之干城，救时之药石。事关千古，岂徒启蒙发秘而已？《辩道论》为域中有数文字，此与《汉学商兑》尤域中有数书也。姚莹识。

连日读《汉学商兑》及此书，使人闻所不闻，见所不见，参稽博考，义据通深，其微文大义炳于日星，可谓惜天下之宝。建宁张际亮识。

《汉学商兑》所以直入诸家之胁，全在理精义确，可谓搏虎屠龙手。其著书大恉则尽于此书中。阳湖陆继辂。

博稽群籍，贯穿以立言，而皆能订其得失，至其创通大义，以俟后之君子，植之固自不疑也。梅曾亮。

书林扬觯目录

书林扬觯卷上

　　两粤制府阮大司马既创建学海堂，落成之明年乙酉初春，首以"学者愿著何书"策堂中学徒。余慨后世著书太易而多，殆于有孔子所谓"不知而作者"，因诵往哲遗言及臆见所及，为十有六论，以谂同志，知者或有取于鄙言也。桐城方东树。

著书源流

　　上皇之世，载籍蔑有。维时圣人性与天合，民亦不识不知，无得而称。伏羲而后，厥有文字，聿有史臣。按《易·系传》前言"包羲始作八卦"，末乃言"上古结绳而治，后世圣人易之以书契"，是孔子未明言作文字之世与人也。孔安国《书传序》直以为伏羲作书契。《疏》曰："苍颉造书，出于《世本》。苍颉岂伏羲时乎？司马迁、班固、韦诞、宋衷、傅玄皆云：'苍颉，黄帝之史官。'崔瑗、曹植、索靖皆直云：'古之王也。'徐整云：'在神农、黄帝之间。'谯周云：'在炎帝之世。'卫氏云：'当在包羲、苍帝之世。'慎到云：'在包羲之前。'张揖云：'苍颉为帝王，在禅通之纪。'如揖此言，则苍颉在获麟前二十七万六千余年。是说苍颉，其年代莫能有定。"又《周官》保氏疏："案《孝经纬①·援神契》三皇无文字，则五帝以下始有文字，故说者多以苍颉为黄帝史，而作文字起在黄帝，于后滋益而多者也。"以上诸说今皆不取，惟据《易大传》以为在包羲作卦以后耳。夫自黄帝甲子至今才四千四百五

---

　　① "纬"字据《周礼注疏》补。

十余年,其去孔子仅二千余年耳,而孔子已不知,今生孔子之后,必欲知孔子以前二十七万六千余年之事,岂不诞哉? 然则世之好征驳杂之书以夸博辨者,是贤于孔子乎? 稽古考德,以为大训。历世宝之,典谟是也。按《周官》外史职掌三皇五帝之书。《春秋左氏传》称左史倚相能读《三坟》《五典》《八索》《九丘》。孔安国云:"伏羲、神农、黄帝之书,谓之《三坟》,言大道也。少昊、颛顼、高辛、尧、舜之书,谓之《五典》,言常道也。"傅会难信。且大道与常道岂有异指乎?《尚书纬》及《孝经谶》皆言三皇无文字,班固、马融、郑玄、王肃并云三皇无文字,文籍初自五帝。窃意外史所掌,特丹书大训等耳。若伏羲之《易》,则固已掌于太卜,不在外史也。孔冲远云:"古人言语,惟在达情,不必辞皆有意。若其言必托数,经悉对文,使教者烦而多惑,学者劳而少功,过犹不及也。"近齐氏召南曰:"《周礼》只云三皇五帝之书,不云皇名《三坟》、帝名《五典》也。《左氏》所云,亦无明文,孰为三皇之书,孰为五帝之书? 故康成注《周礼》,但引《左传》而不实指其名。至杜预注《左传》,但云皆古书名,并不略援《周礼》。孔《疏》于孔《传》序引《周礼·外史》以证三皇五帝之书,于《左传》先引孔《传》,旁及贾逵、马融、郑玄三说而断之曰:'此诸家者各以意言,无正验,杜所不信。'"又王应麟据太公言黄帝、颛顼之道在丹书,及郯子纪官,以证昔人谓皋、夔、稷、契无书可读之非。要之,此亦单词,未可据证。夫群言折诸圣人。太史公曰:"百家皆言黄帝,《尚书》独载尧以来,则凡孔子所不取不言者,皆勿取勿言可也。"后世儒者必欲求多于孔子,何邪? 至班《志》所载《黄帝》《神农》《容城》[①]《大命》等,其为后人妄托,盖至明矣。若夫圣人自著一书,稽之上世,未有明文。意者其当殷之末世,周之盛德也。盖伏羲画卦而无言,而如稷之陈常,契之敷教,夷之降典,益之赞德,尹之训王,说之论学,或寥寥数语,或对

---

① 　按"黄帝"当作"黄帝说",《汉志》小说家著录,自注:"迂诞依托。"又"容城"当作"容成子",阴阳家著录《容成子》十四篇。

君之辞,皆不可为自著书。惟文王、箕子身处末世,悯时昏敝,虑民彝之泯乱,发挥大道,陈其大经大法,传之其人,垂之百世,以道民成性,故孔子以为《易》之兴有衰世之意,而赞箕子之明曰夷而不可息也。若周公兼三王,施四事,以臣道而总君师之任,手订《易》《书》《礼》《诗》《乐》,制作垂统,而经之用始备。自是以逮春秋战国,世变日降,君师之职不修,时则有若孔子之圣,不得行其道于时,于是始垂空言以立教,赞修删述以承家学,而经之名始立。"六经"之名始见《庄子》,何休引纬书称孔子行在《孝经》及《戴记·经解》之篇皆出后人,未可据信。《周官》:"太卜掌三《易》,其经卦皆八。"《疏》云:"经,谓上下二经也。"此说未确。孔冲远《周易八论》问谁加经字,说亦未定。唐陆鲁望《答友人论文书》以为经对纬言,本于周公《谥法》,乃后人之名,非圣人之旨。苟以六篇谓之经,习而称之可也。愚谓经者常也,正也,对权言之,谓此六艺足为万世之正常也。《中庸》"凡为天下国家有九经",孟子"经正则庶民兴",皆此义。胡致堂言"孔子之门,经无五六之数"。近孙人龙以为汉世始标"五经""六经"之名,赵岐称"孟子通五经",先羼入之耳。皆未审也。老子在孔子之世,陆德明《释文》只言为关令尹喜说道、德二篇,不言《道经》《德经》。《汉志》邻氏、傅氏、徐氏经传经说[①]及《黄帝四经》等,皆出汉人,未必足证"经"字之始。此则著述之源流也。是以魏晋以来,释奠之礼必以周公为先圣,孔子为先师,而宋、明之议孔庭从祀者必重著述,盖由此故也。至于老聃、庄周、曾子、子思、孟子,道术不同,皆亦各自著

---

　　① 按《汉志》著录《老子邻氏经传》四篇,《老子傅氏经说》三十七篇,《老子徐氏经说》六篇。

书以立教。而管仲、晏婴、荀况、虞卿、商鞅、韩非、田骈、慎到、墨翟、孙武、屈原、司马迁之徒,或以载经猷,抒蓄积,或以穷愁不得志,思欲发愤自见,盖亦古之所称立言不朽者。然而处士横议,诸子争鸣,道术始于是焉裂矣。秦汉先师儒者大抵以传经为事,虽专门名家,而不能以相通,然抱残守缺,训诂名物,其功不可泯,而其为业最尊矣。凡诸数等,散为九流,按《穀梁疏》引班《志》以为孔子既殁,诸弟子各编成一家之言。然班《志》实又以为皆出先王之官也。综为辑传,创于正考父,见于闵马父之论。衍为辞赋,歧为小说,题别于刘向、刘歆、班固、挚虞、荀勖。自是而后,著述之家如牛毛,不可究极矣。

圣为天口,垂教觉世,尚矣。如六经、孔、曾、思。其次则上贤之俦,为闲道起见,而著书以诏后世,始有论辨。如孟子。其次发明经传,以接来学,先师后师,各尊所闻,谓之家法。如子夏、左丘明、公羊、穀梁、伏生、制氏、高堂生、毛公、郑、杜之徒。此圣人、贤人、儒人三者之书,如布帛菽粟,古今天下不可一日无矣。此外则史。史者,记载古今事迹,所以辅经资治,昭劝戒,俾来者有所考,故不可无。至于诸子,则道有纯驳,术有邪正,择之不审,有害于人心风教者矣。非史之比,故当又次之。《汉志》所载皇古周秦古书皆统于九流,诸子在经史前后,不可审辨,故太史公曰:"学者皆言黄帝,而《尚书》独载尧以来,载籍极博,搢绅先生难言,而一以孔子为断。"斯言可谓斩乱丝手段矣。而《七略》以辑居首,六艺次之,班《志》首六艺,其次弟盖以尊经，然皆无史类。《文献通考》申其义云："《七略》以《世本》以下诸书附于《六艺略》《春秋》之后，盖《春秋》即古史，而《春秋》之后秦汉之事编帙不多，故不必特立史部。班《志》因之。"《困学纪闻》云："刘道原曰：'历代国史出于《春秋》。刘歆、王俭①，《史记》以下，皆附《春秋》。荀勖四部，史记、旧事入丙部。阮孝绪《七录》：记传录，记史传。由是经与史分。'"又班《志》所次九流，即《七略》之诸子也。《志》言："诸子十家，其可观者惟此九家。"就其所条，或有纷舛，故郑樵讥之曰："班固胸中原无伦类。"语虽太过，然实不如荀勖《中经薄》四部之当也。但荀氏四部，子在史前，至唐始定次为经、史、子、集，万世不可易矣。《唐志》云："自汉以来，史官列其名氏篇第，以为六艺九种。"《七略》至唐始分为四类，曰经、史、子、集。郑樵《校雠略》曰："欲明书者，在明类例。"余尝覼论其实，以为孔子以前，经之名未立，而多言史，是史最居先。班《志》曰："古之王者，世有史官，左史记言，右史记事。事为《春秋》，言为《尚书》。"文中子以《诗》《书》《春秋》为三史。陆鲁望亦言《书》与《春秋》实史。曾南丰《南齐书序》曰："唐虞为二典者，所记岂独其迹邪？并与其深微之意而记之。"朱子曰："史之体可见者，《书》《春秋》而已。"夫《三坟》《九丘》《八索》为史为经为子不可审别，而如孔子、子思、孟子又不可仅以诸子目之。若是者，既皆升为经矣。秦焚书，以孟子号诸子，故得不泯。班《志》以孟子入九流儒家，则亦以诸子视之。汉孝文帝立《论》《孟》《孝经》《尔雅》博士，后罢之，独立五经，则亦未以《孟子》为经。

① 《困学纪闻》原文作"刘歆叙《七略》，王俭撰《七志》"。

蔡邕《石经》无《孟子》，唐《石经》亦无之。惟五代冯道雕版《九经》有《孟子》。宋宣和中，席旦知成都，以孟蜀刻《六经》于石，独无《孟子》，乃刻石置于成都学宫。《孟子》升经始于冯道、席旦，从祀孔庭始于熙宁、元丰王荆公、蔡卞等。唐皮日休尝请孟子为学科，未行。又杨绾议明经但记帖括，请以《孝经》《论语》《孟子》兼为一经，议卒不行。按史文不言文帝尝立《孟子》，《题辞》未可据。世有今古，述作之体亦不一，必执后世所习见者以讥古人，谬矣。

李淑《邯郸书目序》曰"儒籍肇刘《略》、荀《簿》、王《志》、阮《录》，迄元、毋乃备，藏家者，惟吴斋著目"云云。余按《庄子·天下篇》叙六艺之后，次及诸子道术，此具眼隐义总持之始。其后司马谈论六家要指，刘歆、班固作《七略》《艺文志》，次第论撰，皆本诸《庄子》，而世未有窥其源者已。

《日知录》曰："子书自孟荀之外，如老庄申韩，皆自成一家言。《吕氏春秋》《淮南子》则不能自成，故取诸子之言，汇而为书，此子书之一变也。今人书集，一一尽出其手，必不能多，大抵如《吕览》《淮南》之类耳。"按此论盱衡今古，意甚高远，若乃拥位势，厚赀徒，为豪举，苟欲邀大名，集浅薄无本粗士，强以任之，又速以岁月，此其成书岂能决择当理乎？如何义门讥徐东海之刻《通志堂》书，专任顾伊人者，世颇复有之也。

吴氏、晁氏皆称汉时未有以集名书者，自刘歆《辑略》始有别集。按闵马父论《商颂》之乱。韦昭注："辑，成也。"盖东京别集之名始于刘歆，而歆又本于《商颂》。《汉书·地理志》："刘向言其域分朱赣，条其风俗，犹未宣究，故辑而录之。"师古曰："辑与集同。"自挚虞《流别》始有总集，虽有专部，而无集之名。荀勖《中经簿》止曰丁部。集之名自阮孝绪《七录》始。余按自歆、勖以来，大抵皆以辞赋当之，其实如孔子订《诗》《书》，即总集也，但后人习而未深察耳。朱子《四书》亦是总集。

陈氏曰："前志但有杂家，而无类书。《新唐书》始别出为一类。"按《通考》以类家入子部，其实如《皇览》《北堂书钞》《艺文类聚》亦是总辑耳。一源十流，固不必强为区分矣。

上世圣人或不著书，或著书，如天之垂象，有显晦而无名迹。其降必由圣知玄远，不得已而汲汲救时补教，而犹不敢任著作之意，故曰"述而不作，窃比老彭"。朱子《孝经刊误跋尾》云："旧见衡山胡侍郎《论语说》，疑《孝经》引《诗》非经本文，初甚骇焉，徐而察之，始悟胡公之言为信，而《孝经》之可疑者不但此也。因以书质之沙随程可久，程答书曰：'顷见玉山汪端明，亦以为此书多出后人附会'云云。窃自幸有所因述，而得免于凿空妄言之罪也。"按朱子此意亦"述而不作，窃比昔人"之意。又有论东莱《大事记》，以为"伯恭此书大抵不敢任作书之意"云云。若夫潜德之人，则又不暇著书，如颜、闵、管幼安、黄宪之徒者。其次则著书以自见，才士之流也，如庄周、墨翟、申不害、韩非之徒。其次则著书以邀名，扬雄以下皆是也。要其精粗醇驳，各存其人识趣之浅深，而其传之广狭久暂、存亡显晦亦视此为差。窃尝衡论古今，以为学人之始，尝患没世无称，不能有所著述。有所述矣，又往往浅陋非佳,患不能传。幸而得传矣,又每亡于水火兵寇,长编大轴,卒归泯泯。考历代史志及诸名家书目所著录,观其聚散之迹,未尝不叹著之难而亡之易为可悲也。

人当著书

荀子曰："人少不讽诵，壮不议论，则为无业人矣。"

司马子长曰："古者富贵而名磨灭，不可胜记，惟俶傥非常之人称焉。鄙没世而文采不表于后也。"[①]

曹子桓曰："文章，经国之大业，不朽之盛事。年寿有时而尽，富贵止于其身，二者必至之常期，未若文章之无穷。是以古之作者，寄身于翰墨，见意于篇籍，不假良史之辞，不托飞驰之势，而声名自传于后。而人多不强力，贫贱则慑于饥寒，富贵则流于逸乐，遂营目前之务，而遗千载之功。日月逝于上，体貌衰于下，忽然与万物迁化，斯亦志士之大痛也。"

苏子由曰："人逐日胸次须出一好议论。若饱食暖衣，惟利欲是念，何以自别于禽兽？只效温公《通鉴》作议论，商略古人，岁久成书，自足垂世。"余按此《古史》所以作也，虽亦"疾没世无称"之意，然不免用心于外，有近名之意，不如程朱之言为笃也。程子曰："农夫深耕易耨，播种五谷，吾得而食之；百工技艺，作为器物，吾得而用之；介胄之士，披坚执锐，以守土宇，吾得而安之。无功德及民，而虚度岁月，晏然为天地间一蠹，惟缀缉圣人遗言，庶几有补耳。"按程子此言

为君子不得用于时而自尽其心之法。

朱子曰："平生自知无用，只欲修葺小文字，以待后世，庶有小补于天地之间。"又曰："翻动册子，便觉前人阔略病败，欲以告人而无可告者，又不免辄起著述之念。"按此言真道尽人心中情事，知此意者尠矣。盖君子立言，其不得已也如是，岂如后人苟以矜名而已哉？又观朱子晚年与李季章诸人书，论修《礼经》，拳拳之意，何其沉痛也。

古人以其所学著书，并时之人未必皆知。即知其粗矣，亦未必能喻其精微之意而信之。且如曾子、子思、孟子之书，千余年无人能知，至宋而后大显，而今人犹有异论。而古人皆已枯槁煨烬，赍恨以死，与其不传者俱亡矣。又或生前不识伯淳，陈了翁自谓年二十九见范淳夫，言程伯淳，不知为谁，作《责沈文》以自咎。见《野客丛谈》。死后徒烦《责沈》，则是圣贤生世，何益于身己？何益于当世？然而其书传于天下后世，贤人君子有志之士信而守之，足以诚身立名，推而行之，生民蒙其惠利，然后此枯槁之士至是始见功。故君子不为不见知于时而遂隳其学也。陶公曰："何以慰我怀？赖古多此贤。"

著书必有宗旨

《孔丛子》引夫子之言曰："夫言贵实，使人信之。舍实，何称乎？是赐之华不若予之实也。"

平原君曰："孔子高理胜于辞，公孙龙辞胜于理。辞胜理者终必诎。"

大约著书空疏固是陋，捃拾眩博尤陋。必也深通渊雅，原本道德，根柢古人，无杜撰穿凿。传讹踵谬，失是非之实，悖义理之公，固非通贤不能耳。然此言其末。班固曰："著书者，前列之余事耳。"

范蔚宗与其侄及甥书，论撰书之意曰："此书行，故应有赏音者。诸细意甚多，自古体大而思精，未有此也。恐俗人不能尽之，多贵古而贱今，故称情狂言耳。"

《后汉书·丁鸿传》论："君子立言，非苟以显其理，将以启天下之方悟者。"

许叔重曰："圣人不空作，皆有依据。"按许氏此说虽论文字，而著述亦然。

徐锴自言作《说文系传》之指曰："俗儒鄙说，皆失其真，至于通识亦然，岂知之而不言，将言之而不悉乎？后生传习，又懵涵而不明，臣故反复论之。而今而后，玉石分矣。"此虽论小学，而凡著书者，皆当知此意。

王厚斋曰："天下不可无此人，亦不可无此书，而后足当君子之论。"

罗端良曰:"儒者之言,要有微指,不同记簿。"

程子曰:"圣贤之言,不得已也。盖有是言则是理明,无是言则天下之理有阙焉。圣贤之言,虽欲已,得乎?然其包涵尽天下之理,亦甚约也。后人所为,动多于圣人,然有之无所补,无之靡所阙,乃无用之赘言也。既不得其要,则离真失正,反害于道矣。"愚谓著书,非著义理,即表章纪事,有益于天下后世人心学术,民生政治,故为世间不可少。若著义理而偏见颠倒谬妄,反足为损。表章纪事,传讹失实,又不得首尾要害,反足滋天下后世之疑。凡若此等,皆有损无益,不如无书。又或见闻寡陋,不知而作,道听涂说,或国史已详,或他家所纪已备,而我未之见,反自矜网罗放失,虽贤者识小,不害于纪远,而固已遗讥大雅,见鄙通识矣。吾宗望溪侍郎论《尚书》,以为《君牙》以下六篇皆孔子摭拾于乱亡之余,非得之周室史记,盖惜其仅有存者而录之,以垂法戒焉耳。其余内史所藏,盖亡于幽王之乱,而孔子未之见也。据此,则岂有不知而作及剿袭市贩、愚而自用者哉?

程子又曰:"君子立言,欲含蓄意思,勿使无德者眩,有德者厌。"余按此二语,椎心刺骨,令人悚然,亦曌相之扬觯也。

苏子瞻作《孟子论》,其略有曰"自孔子没,诸子各以其所闻著书,而皆不得其源流,故其言无有统要"云云。按东坡作《子思》《孟子论》，极推子思而非孟子不应为辨，虽若有见，而非理，实子思、孟子皆是也。孟子之意，过子瞻远矣。《子思论》略曰："为论而不求精，而务以为异于人，而纷纷之说未有以知其所止。"

凡著书立论，必本于不得已而有言，而后其言当，其言信，其言有用。故君子之言，达事理而止，不为敷衍流宕，放言高论，取快一时。由有识观之，则为诐淫邪遁，可厌可疑，盖非要则可厌，不确则可疑。既厌且疑，而其书不可贵信矣。君子之言，如寒暑昼夜，布帛菽粟，无可疑，无可厌，天下万世信而用之，有丘山之利，无毫末之损。以此观古今作者，昭然若白黑矣。著书不本诸身，则只是嚣其言者耳，与贾贩何异？佛氏有言："以般若说般若。"老庄申韩之徒，学术虽偏，要各能自见于天下后世。斯义也，古文章之士犹能及之，降而不能乃剿贼矣。夫剿贼以为文，且不足以传后，而况剿贼以著书邪？然而有识者恒病书之多也，岂不由此也哉？

凡著书，必用意深，为言信，然后乃可久而不废。

书固贵精深而后传，亦须体大，然而古来说经之书及私家所著史无虑数百家，今其存者亦少，则似显晦之迹亦有数焉存乎其间，然而志士则必以之自厉。

学者著书，要当为日星，不可为浮云。浮云虽能障日星，蔽太清，而须臾变灭，倏归乌有。今日之浮云，非昔日之浮云也，古今相续不绝，要各自为其须臾耳,而日星虽暂为其所蔽,终古不改。奈何世之为浮云者之多也。意气之盛,有时消歇,是非公论,卒不可夺,徒自外于圣人之徒耳。

朱子曰:"格物致知之学,与世之所谓博物洽闻者异。此以反身穷理为主,而必极其本末是非之极,彼以徇外夸多为务,而不覈其表里真妄之实。然必究其极,是以知愈博而心愈明。不覈其实,是以知愈多而心愈窒。此正为人、为己之所以分。"按"知愈多,心愈窒",恰中今日汉学考证者之病。

张杨园曰:"大抵古人著书,多因斯道不明,不得已而有言,以补天地之憾。若道理已无余剩,而吾之所学未足以信今而传后,则兢兢乎不欲发为文辞,所谓非惟不敢,亦不暇也。将因所著文字而一旦流为远近指摘之端,后生初学将因指摘之众而损其尊信之心。其不然者,则遂长其诞漫诡异之习,二者所系均非浅也。百余年来,学术不明,邪说肆出,虽有勤学好古之士,一经渐濡,终其身而不能自出,自误误人,酿成生心害政之祸,而未有以已也。学者正宜洗心涤虑,体究程朱遗书,以求得乎孔孟之正传,见诸躬行而无所愧怍焉,以一救其猖狂无忌、似是而非之积习。未宜择之不精,见之不卓,而汲汲焉著书立说,以与流俗门面习气诸妄人为虚薄争名也。使所学果足以信今传后,即不著述,亦不容泯。如其不然,即多著述,亦何益?幸而传之不远,不过如匹夫匹妇墙阴之私语,人罔闻知而已。不幸而传,小者见嗤于君子,大则适成其罪案而已。抑思二程子何如人也,犹不敢轻于著书,而况吾人之于圣人之道未能一窥见其户牖,而辄有所著,多见其不知量矣。”

圣人删《诗》《书》,述作《春秋》《易传》,全为明道,教天下万世也。汉儒作传注,宋儒讲辨义理,同是意也。汉唐以来,世主取通儒传疏列之学官,亦犹唐虞敷教之典,其余诸子百家著书偏全,深浅不侔,亦各抒意见,分以明道之散殊者也。若夫以著书邀名,文行始判,及其甚者,负恃己私,边见僻违,专务求胜前人,既不自量,又无忌惮,苟且纰缪,为害始大,又次者则专用以趋世,投好求合,走利而已。班固所谓“利禄使然”也。《世说》:“愍度道人欲过江觅食,与一伧道人谋曰:‘旧义不足动人,不如立新义,以无为宗。’果见崇重。而伧道人不成渡江之行,乃寄语愍度云:‘无义那可立? 始之为此计,权救饥耳。无为遂负如来也。’”定此数等,以观于作者之林,其是非公私居然可见也。儒者著一书,必因时而作,羽翼至道,弗穿群籍,囊括百家,如康成;明辨以晢,纯粹以精,建诸天地而不悖,质诸鬼神而无疑,百世以俟圣人而不惑,有功先圣,不误来学,如程朱。斯为世不可少之书耳。

或问彭鲁冈:“著书立言者何为乎?”曰:“为劝惩者,仁义之言也。为声名者,自误之道也。失是非者,误世之道也。”

　　胡致堂序文定公《武夷集》，其略曰："惟邹鲁之学，由秦汉隋唐，莫有传授，其间名世大儒仅如佛家者流，所谓戒律讲论之宗而已。至于言外传心，直超佛地，则未见其人。是以圣道不绝如线，口笔衮衮，异乎身践。有书徒存，犹无书也。"

　　观于子思、孟子，而知圣贤志事无不直截明决者。彼依违绞绕，皆自误误世之道也。如既不世用，则入则孝，出则弟，守先王之道，以待后之学者。此意一定，而人世是非毁誉皆不足顾，故曰"信道笃而自知明"也。而东坡讥孟子不当为辨，近人诋程朱好刻论人物，皆未窥见圣人之量及圣人意思，只从世故之私起见。晁公武《读书志》论《道德经》，其略曰："《道德经》，李耳著。言道德之旨。余尝学焉，通其大旨而悲之。盖不幸居乱世忧惧者所为之书乎？不然，何其求全之甚也！古之君子，其应世也，或知或愚，或鲁或怯，惟其当之为贵，初不滞于一曲也。至于成败生死，则以为有命，非人力所能及，不用智于其间以求全，特随其所遇而处之以道耳。是以临祸福得丧，而未尝有忧惧之心焉。今耳之书，凡所为守雌守黑守辱，以懦弱谦下为道者，其意盖曰：不如是，则将不免于咎矣。用是以观，岂非所谓求全也哉？人惟有志求全，故中怀忧惧，先事以谋，而有所不敢为，有所不敢为，而其蔽大矣。此老子之学所以虽深约博大，不免卒列于百家，而不得为天下达道与！"晁氏此论所关义理学术甚正甚大，余故录之，使学者知圣人自有中正之道，虽以忧患作《易》，而《易》之为书，随其所处时位，皆有不易之道以处之，故曰："变动不居，周流六虚，不可为典要，惟变所适。"又曰："君子之于天下也，无适无莫，义之与比。"又曰："大人者，言不必信，行不必果，惟义所在。"则非老氏之滞于一曲可知。

著书不可易

韩文公曰:"其为之也易,则其传之也不远。"又曰:"其用功深者,其收名也远。"

朱子曰:"学者轻于著书,只是器识浅薄,所谓'圣虽学作兮,所贵者资;便嬛皎厉①兮,去道远而。'"余谓今人多好为《四书》解说者,先存一驳朱注之心,以得一新奇为喜;多好为经说者,先存一博综之心,以多得一证据为喜。疏浅固蔽,不暇深思。此只是浅薄争名,非真欲明道也。

《日知录》曰:"书如司马温公《资治通鉴》、马贵与《文献通考》,皆以一生精力为之,遂为后世不可无之书,而其中小有舛漏,尚亦不免。后人书愈多而愈舛漏,愈速而愈不传,所以然者,其视成书太易,而急于求名故也。"树按:如温公书,孙之翰作《唐史要论》,其用力精勤笃志如彼,可以砭著书欲速之膏肓也。又曰:"伊川先生晚年作《易传》成,门人请授,先生曰:'更俟学有所进。'子不云乎?'忘身之老也,不知年数之不足也。俛焉日有孳孳,毙而后已。'"窃观孔子作《易传》,亦是今日得一义,明日又得一义,积岁月,逐渐有获,今日读之,分明可见。盖虽以至圣之睿,亦必缉熙光明,然后乃有以尽一书之蕴,则圣心只是穷理,

---

① "皎厉",原作"姣丽",据《朱子语类》卷十一径改。

无期必欲速成一书之意。故曰"先难后获"。

　　韩公曰："文书自传道，不仗史笔垂。"真豪杰语。如王通、司马贞、张守节、韦应物、司马贞见《刘知幾传》及《艺文志》，余新旧两书俱无传。姜夔信然。历观汉隋唐志、开皇开元书目及各史志，《崇文》《中兴馆阁》《明文渊阁》《文献通考》等书目，及士大夫藏书家，自唐宋以来，如元行冲、毋煚、西斋吴竞、田氏宏，万卷楼、邯郸李淑献民[①]、广川董逌、相台岳珂、遂初尤袤、陈氏直斋、晁氏公武、郑氏渔仲、叶氏少蕴、箓竹堂叶盛、《授经图》明朱睦㮮所撰二十卷者，非宋人所撰三卷者、焦氏《经籍志》焦竑弱侯、绛云楼钱牧翁、述古堂钱遵王、也是园亦钱、千顷堂晋江海鹤先生黄俞邰名虞稷，官南京国子监丞，千顷堂聚书七万余卷，其书目今为书贾所乱、天一阁范司马钦字尧卿，号东明。乾隆末钱宫詹晓征始为撰书目、汲古阁毛晋斧季父子相继刻书，吴梅村有《汲古阁歌赠海虞毛生》，其家多藏旧本，后为王驸马以金钱挈去，其板多在昆明。王驸马名永宁，吴三桂婿也。今黄丕烈士礼居所刻书目，其中所开书价即是初售与王所议，但不知所云托之太史者何人也。此行所书不书名后一条称琛，又书乙酉花朝，当是顺治二年也。传是楼徐崐山、经义考朱彝尊、淡生堂山阴密士祁承㸁有《藏书约》，分四篇，一读书，二聚书，三购书，四鉴书，其论甚精，即忠惠父也、倦圃曹氏秋岳溶、禾中项氏子京墨林、世学楼钮琇玉樵、季氏沧苇、万卷堂孙退谷。按万卷楼书后尽归北平黄昆圃家、通志堂成容若，容若十七为诸生，十八举乡试，十九成进士，二十二为侍卫，拥书数万卷。又如周晋二王、

---

　　①　李淑字献臣，号邯郸，宋代徐州丰人。此处误作"献民"。

胡元瑞、朱郁仪、钱叔保，并有书目著录，每以数千万卷计，今兹亡者皆以过半。此书目余不皆见，而言其大都。或有长编巨轴，虽存而不为世所要用，人所共知，而其中独有数百十人落落在人心目，不可磨灭，美爱斯传，有志者可以思其故矣。盖俗人逐物迁流，泯泯没世，君子独以著述为波中金石，亦欲久存不敝耳。所谓"送君者自崖而返，君自此远矣"。虽然，古今虽远，犹之旦暮，苟不能出于其类，拔乎其萃，冠绝百代，独有千古，为世不可磨灭，则虽腾声一时，终归泯泯，须臾签縢湮舛，炱朽蟫断，与向之迁流者同尽，特臧、縠耳。此著述所以有时而不足恃也。张怀瓘论书曰："若不造极境，无由服后世人心。"余谓著述亦然。梁简文帝曰："未知登峰造极否？"

古人著书多在废后，盖身世两弃，然后其志专，其心壹，所以能精思深微。司马子长称："西伯拘而演《周易》，仲尼厄而作《春秋》。屈原放逐，乃赋《离骚》。左邱失明，厥有《国语》。孙子髌脚，兵法修列。不韦迁蜀，世传《吕览》。韩非囚秦，《说难》《孤愤》。《诗》三百篇，大抵圣贤发愤之所为作也。此人皆意有所郁结，不得通其道，故述往事，思来者，退语书策，以舒其愤，思垂空文以自见。仆窃不逊，近自托于无能之辞，网罗天下放失旧闻，考其成败兴坏之理，亦欲以究天人之际，通古今之变，成一家之言。藏之名山，传之其人。"

　　赵岐称孟子亦自知遭苍姬之讫箓，值炎刘之未奋，进不能佐兴唐虞雍熙之和，退不能信三代之余风，耻没世而无闻焉。是故垂宪言，以诒后人。[①]

　　韩文公《答张文昌书》云："观古人得其时，行其道，则无所为书。为书者，皆所为不行乎今而行乎后世者也。"柳子厚云："贤者不得志于今，必取贵于后。"古之著书者，皆是也。

　　大帙重编，古人多父子宿业，故能讨论精覈。其次则必其人有天授异才，而又毕生勤力精专，笃嗜不厌。如康成之注六经，杜元凯之治《左氏春秋》，温公之著《通鉴》。然后一书出，始能江河万古，日月常新，与天地不敝。今之学者根柢浅薄，用心尚觕麤，无所欲语而强欲著书，苟为难能，又迫以岁月速化，取家人筐箧中物剿袭抄辑，骈驳舛漏，或矜尚新奇，支离穿凿，或吹久讹之焰，承谬种之传。既成，索一巨子_{二字本吕不韦及庄子}序而名之，_{二字用孟喜事}遂居之不疑，负其意气，内以傲其父兄，外以骄于一世，并世之人又罕识真，彼已相蒙相誉，入主出奴，任意轩轾，究之真用不存，时过势谢，忽已与其声华俱歇矣。大抵著书攘袂抵掌，夸大自矜，无深旨微义，虽重帙大名，只亦是妄。如明邵经邦《弘简录》及近人所称三大奇书，殊无谓，无论李氏之书非梅、顾之伦，即此一"奇"字已陋

----

　　① 按"赵岐称"条据文学山房本补。

甚。夫有江复有河，有嵩复有华，六经亦只是平常道理，何大何奇？故曰"观于海者难为水，游于圣人之门者难为言"。

袁宏作《名士传》成，谢公笑曰："我尝与诸人道江北事，特作狡狯耳。彦伯遂以著书。"

著书固不可易，出之尤不可易，古人所贵藏之名山，传之其人，非吝也，惧不知者道听途说，徒亵吾道也。佛誓不为二乘声闻人说法，圣门教人只随问答之，虽曰"诲人不倦"，而不愤不悱则不启发，一贯性道，卒不强未及者而诏之。周子《太极图说》、程子《易传》皆不肯轻传于人，郑夬欲从邵子学《易》，邵子以夬志在口耳，多外慕，不之许，皆此意也。夫传之其人，不待告，告非其人，虽言不著，所谓"外人那得知之"。夫第不知犹无害，必又将循声逐响，乱道妄说，流传疑误，是书未行而害先中于人心矣。开门揖人，来窥美富，或执途人而语以家之积，盖此不可辱乎？荀子曰："小人为学，禽犊也。"杨倞曰："馈献之物也。"东坡云："昔人求书法，至扪心呕血而不获；求安心法，至裸雪断臂仅乃得之。今子由既轻以吾书与人，又以其微妙之法言，不待愤悱而发，岂不过哉？"屈子曰："道可受，不可传。"张宣公类洙泗言仁，祖程子意也。朱子犹以滋学者入耳出口之弊疑之。

著书不贵多

历考古人著书，类以少而见珍，多而不传。盖多则伤易，速以岁月，必不能精。是以有识之士莫不慨叹于著书之多及为文之易也。

《日知录》曰："二汉文人所著绝少，史于其传末每云所著凡若干篇，惟董仲舒至一百三十篇，而其余不过五六十篇，或十数篇，三四篇，史之录其数，盖称之，非少之也。乃今人著作，则以多为富。夫多则必不能工，即工亦必不皆有用于世，其不传宜矣。"

又曰："《隋志》载古人文集，西京惟刘向六卷，扬雄、刘歆各五卷，为至多矣。他不过一卷二卷，而江左梁简文帝至八十五卷，元帝至五十二卷，沈约至一百一卷。所传虽多，亦奚以为？"按炀帝至万七千卷。

偶检《隋志》，六代西僧译经如此其众，何异南北诸儒之有六经义疏也？究之西来真意，其汁浆能有多少？此书多所以转为患也。

《困学纪闻》曰："和凝为文，以多为富，有集百卷，自镂版行于世，议者多非之。此颜之推所谓'诮痴符'也。"

上古圣人灵奇之迹不传众矣，即如舜之世系异说，周十五王世数不合，夏商历年最久，其间君臣行事，今著者有几？皋、夔、伊、吕，其生年卒葬后世无传。孔子作《春秋》，得左氏亲受其经而为之传，而三家之说已各乖异,穀梁家更有"三世异辞"之说,甚矣,古事之不尽详也。自史迁以来,记载始备,书籍益多,抵牾亦众,自是文人学士,私家撰述,纤悉靡遗,于是其传有不必以灵奇异美者矣。

　　史之所载,著其大者,其碎者有不必知。后人采取驳杂,动谓补史之阙,不知是良史所不信,刊落而不必载之者也。孟坚《东方朔传》赞曰:"后世好事者因取奇言怪说附著之朔,故详录焉。"师古曰:"言此传所以详录朔之辞语者,为俗人多妄附欲明传所不记,皆非真实也。"仲长统言百家杂碎,请用从火。朱子言《南北史》除温公《通鉴》所取,其余皆小说也。《汉书·司马迁传》赞曰:"自古书契之作而有史官,其载籍博矣。至孔氏纂之,上继唐尧,下讫秦缪。唐虞以前,虽有遗文,其语不经,故言黄帝、颛顼之事,未可明也。"世之君子,每喜取昔人所弃以自珍,毋乃见未卓乎,如《古史》《路史》《皇王大纪》《通鉴外编》《尚史》《绎史》等皆是。

　　陶弘景以一物不知为耻,阎百诗为学主此。按此指非是。君子先务为急,亦惟于修齐治平日用伦物之大端致力。苟省之于此而无亏,则于书有所未读,文章有所未能,皆不足为歉,况驳杂破碎,无益小慧乎?食肉不食马肝,何妨于知味?天下物理,圣人有不尽知尽能,孔子辞博学多能,孟子言尧舜之知而不遍物,急先务也。传曰:"物有本末,事有终始,知所先后,则近道矣。"元李孟论人材,必先德行经术,而后文辞,乃可得真材也。廉希宪论孟子,只取王霸、义利、性善三言。尧舜之道,孝弟而已。孟子以仁义知礼乐之实,皆归之于此,所谓实者,信是也。穷理致知,反躬实践,不出孝弟忠信,如扬雄识奇字,马融、蔡邕负旷世才,而皆不识节义,字虽多,亦奚以为? 子夏文学科中人,而"贤贤易色"一章其言如彼,亦可见圣门为学大意。今人争推子夏为传注训诂之祖,而独昧此章之言,殆倍于笃志近思而专取博学矣。《范史·朱浮传》论曰:"吴起与田文论功,文不及者三;朱买臣难公孙弘十策,弘不得其一。"唐姚崇为相,古事问高仲舒,不闻高仲舒贤于姚、宋也。

今人或以子贡所称"天道不可闻",即天文历算之术亦有本。按《周官·大行人》:"九岁属瞽史谕书名。"《疏》云:"乐师与太史、小史并是知天道者,故《国语》云:'吾非瞽史,焉知天道?'《左》昭十八年《传》郑子产云:'天道远,人道迩,非所及也。何以知之? 灶焉知天道?'钱氏大昕云:"经典言天道,皆以吉凶祸福言。"班固曰:'历谱者,圣人知命之术也。'"云云。《日知录》言星事凶旱,历引古人事言以明之。魏高允明于历数初不推步,游雅数以灾异问允,允曰:"昔人有言,知之甚难,复恐漏泄,不如不知。天下妙理至多,何遂[1]问

此?"颜之推曰:"自古儒士论天道、定律历,皆学通算术,然可以兼明,不可以专业。医亦然。"据上所论,则不必人人皆知天道矣。今人既讥宋儒不应谈性道,讥学人好谈性道本东坡之言,盖暗斥伊川程子也。此东坡之妄说,欧公亦如此说。而又好言天文历算,何也?元王恂精算术,裕宗问焉,恂曰:"算数,六艺之一耳。定国家,安民人,乃大事也。"每侍左右,必发明三纲五常为学之道及历代治忽兴亡之所以然,又以辽、金之事近接耳目,区别其善恶,论著其得失上之。可谓知要矣。

　　周亮工《因树屋书影》言杨升庵著书二百余种,未闻有茂陵之求;张天如著述无多,当时至形之章奏,求其遗书。余考天如之著,先后奏上三千余卷,帝悉留览,则亦非少,周盖未知,但今世传亦不多耳。至于杨用修之书,浮谈不根,信口乱道,谬于是非者甚众。陈耀文作《正杨》,胡元瑞仿虞槃《非非国语》作《正正杨》,周栎园作《翼杨》以辟《正杨》,然皆可以不必。栎园又言:"六朝著述之富,盖无如葛稚川者,通计殆六百余卷抱朴自序凡五百六十卷,今惟《抱朴子》《神仙传》在《道藏》中。后此若宋王伯厚,著书近七百卷,与稚川颇相当。近世王凤洲《前后四部稿》几四百卷。"余按周所举殊挂漏,宋以来著书多者甚夥,如周必大、杨万里、陆游、朱子、洪迈,不止浚仪王氏。近代如黄黎洲著书近八百余卷,顾亭林、毛西河皆五六百卷,万季野五百余卷,江慎修二百余卷,戴东原一百八十余卷,钱竹汀二百余卷,惠定宇一百余卷。

著书无实用

书贵有用于世，则自不磨灭，而有用之言必非庸陋浅识之士所可剿袭而貌为之也。古人著书不尽善，然书有可訾，而其业自可传。此为有用之书言之，如太史公《史记》是也。

《日知录》曰："文之不可绝于天地间者，曰明道也，纪政事也，察民隐也，乐道人之善也。若此者，有益于天下，有益于将来。多一篇，多一篇之益矣。若夫怪力乱神之事，无稽之言，剿袭之说，谀佞之文。若此者，有损于己，无益于人。多一篇，多一篇之损矣。"

张杨园曰："古人著书，动关世道，如衣食舟车宫室，一日不可无，故久传而不敝。虽一种文字，亦其人之精诚不可泯灭，故历久如新。后世诐淫邪遁之书，汗牛充栋，究竟其不可少而能不泯灭者有几？"

荀悦作《申鉴》，论事曲透如彼，前人犹谓其应敌制变不如文若，可见才难，非纸上空谈足以济世。圣门论才，言无溢分，皆实实坐而言，起而行，不似后人著书，剿说雷同，论议甚美，陈义甚高，才历一事，茫然无措。昔人言陆机论能辨亡，无救河阳之败，以此坐让古人，不适于用，此人才所以衰，古今所以不相及，皆起于好著书以自掩饰，言多行寡，无有实际，以虚识自矜，而未尝自识于事，以验其力也。古人著书，皆自道其得力，故甘苦曲折皆尽，后人高者出于揣拟影响，卑者则直是谬妄，至于展转稗贩，了无心得，益不足议矣。王厚斋《困学纪闻》首卷说《易经》，何屺瞻讥之曰："刘屏山云：'愚夫昧《易》，才士口《易》，贤人玩《易》，圣人践《易》。'凡无得于心而撺其辞，皆口《易》也，非独能言而不能行之谓。此卷其诸口《易》乎？"原作"圣人忘《易》"，余易以"践"字也。附订之于此。按伊川作《易传》，乃是即《易》以发挥天下古今所有道理，下学上达，与天道消息，盖著书与修身不分为二事矣，庶几践《易》者与？

司马文正公好学，如饥之嗜食，于学无所不通，音乐律历、天文书数皆极其妙。晚节尤好礼，其文如金玉谷帛药石也，必有适于用，无益之文，未尝一语及之。

归熙甫作《言解》，以为言宜于用。余谓若无用，则音鸣焉耳。

实体难工，空摹易善。近世著书者皆据此以尊汉学名物训诂而薄宋儒空谈义理，诚亦不可谓非知言也。然君子先务为急，本末先后，要自有不可倒者。如典章名物固是实学，若施于时用，不切事情，如王制、禄田、考工、车制等，不知何用，则又不如空谈义理犹切身心也。

实事求是，莫如程朱，以其理信而足可推行，不误于民之兴行，然则虽虚理，而乃实事矣。今之为汉学者，言言有本，字字有考，乃至音诂佐证数十百条，确凿无疑，反之己身本心，推之家国事物之理，毫无益处，徒使人荡惑狂狙，失守而不得其所主，然则虽实事求是，而乃虚之至者也。

凡著书若非不能已于言而徒欲博名，无一是者，虽择题而为之，终外强中干。如考订经义最为大题，然非精诣，卓有独见，则亦陈陈相因，剿说贩稗而已。讲论义理，亦为大题，然呆衍宋儒语录，多拾前人绪余，不出里塾拘墟之见，则亦老生学究腐谈。至音韵小学似为尔雅，然致远恐泥，体用不存，纵极深诣，不免穿凿破碎。天文算数，必待专门，兼而为之，则视乎其人，然往往未能造极。舆地沿革，古今多舛，时贤所著，略已大备。杂著小品，山人陋习，如明季诸人，最可鄙厌。注释诗集，无论无作者腹笥，钞辑芜陋，贻讥大雅，纵极博赡，而芸人之田，于己无与。总之，无所欲语，非不得已，而强欲著书，皆无是处。孔子所谓"夫我则不暇"，为己之士，各自审之。非以此禁学者不得著书也。

荀悦《汉纪》自序曰："夫立典有五志焉，一曰达道义，二曰章法式，三曰通古今，四曰著功勋，五曰表贤能。于是天人之际，事物之遗，粲然显著，罔不备矣。"

元朱礼[①]撰《汉唐事笺》十二卷，《四库》未收，阮芸台宫保始得之，以进于内府，并为作提要。余按宋闽

----

① "朱礼"，原作"朱理"，据元刊本《汉唐事笺对策机要》题款径改。

川林骃字德颂撰《抉科古今源流至论》,在《四库》子部类书存目中,与此书相类,乃科举俗书也。然因此可悟古人为学之始,有力者多自撰一书,即他日之事业设施皆先定于此矣。如叶文康《礼经会元》、吕东莱《博议》皆然,即贾谊《新书》亦如此。此可为为学之方也已。

著书不足重

陈直斋论祖珽所撰《修文殿御览》，以为"珽之行事，奸贪凶险，盗贼小人之尤无良者，言之则污口舌，乃其所编集独传于世"云云。全谢山《鲒埼亭续编》所言毛西河之无赖，几同祖珽。余按：吕东莱论卫礼至为铭僖公二十五年卫人伐邢，极訾诋其恶，顿使金石失其寿，则邪人虽有传，亦曷足重也。又如近世朱彝尊作《经义考》三百卷，而行身淫荡，复自言之不耻，适足为经之辱也。以势位力气著书，此只可劫一时，不足垂后世。苟非真用所存，虽张侯《论》、《三经义》且不足重，况万万不及之者邪？苟其言诚有功于先圣及世教人心学术，虽韦布亦不泯。

司马迁曰："今虽欲自雕琢曼辞以自解，无益于俗不信，只取辱耳。要之死日，然后是非乃定。"迁既死后，其书稍出，外孙杨恽祖述其书，遂宣布焉。至王莽时，求封其后为史通子。

王邑、严尤谓桓谭曰："子尝称扬雄书，岂能传于后乎？"谭曰："必传，顾君与谭不及见也。凡人贱近而贵远，亲见扬子云禄位容貌不能动人，故轻其书。今扬子之书文义至深，而论不诡于圣人，若使遭遇时君，更阅贤知，为所称善，则必度越诸子矣。"自雄之殁，至今四十余年，《法言》大行而《玄》终不显。

近又有一种人，以己所余残膏剩馥丐妇人造作虚誉，哀然各自成书，灾之梨枣，以疑误学人耳目，天下后世孰知真伪之所在邪？此较之臧霸、梅赜、刘炫、丰熙、刘炫因牛弘购求遗书，乃伪造《连山易》《古鲁史》百卷上之，被讼，遇赦免死。后贼起，其门人多在贼中，郡官疑其通贼，闭城不纳，遂馁死。丰熙，明世宗时人，伪造朝鲜本《尚书》，或云亦出其子坊所为。坊又伪造古本《大学》。全谢山云："丰氏谬造《石经》《河图》《鲁诗》《春秋》《大学》，又谬造高丽《尚书》、日本《尚书》，而皆托之清敏，或其大父方伯所传。梨洲《别传》记之略具。"杨慎、曹溶辈专造伪书，益诞肆矣。然此犹以己所著丐其所亲，至于攘他人之书以为己有，此尤恶薄无行之甚者，其源始于郭象之注《庄》。顾亭林言："有明一代之人所著书无非盗窃。"

著书伤物

　　古人口不臧否人物，故言寡尤，言满天下无口过，况著书尤言之著而行远者，可不更加慎乎？圣人立言，但陈其理如是，以垂法戒，无是己非人、专己抑人意，故人无由怨之。后见苏子瞻《子思论》，意与此同。即如《春秋》，乃本王法，非用己私。意后人著书专为一己之名，嚣嚣讙咋，纸上先有一段忿争气象。凡言所不敢尽者，悉于笔肆之，或逞私臆，妄诋前贤，或造谤书，挟怨以诬盛德，如魏泰《碧云騢》、孔氏《野史》之比。减人益己，颠倒是非，心术险薄，更甚于口过。然后著书之祸乃明以招人之怨，而阴以干鬼神之谴。程子曰："君子好成物，故吉。小人好败物，故凶。"

　　王充作《论衡》，取释物类异同，正时俗嫌疑，露才扬己，言及激愤。王符作《潜夫论》，指讦时短，讨摘物情，足以观见当时风政。《颜家训》亦如此。余按此亦稍僭矣，职非史官，才非圣人，安得便尔？昔孔子欲立万世治乱之防，不得已而作《春秋》，且惧其有罪己者，况非此比乎？孟子曰："位卑而言高，罪也。"杜牧之作《罪言》，意以不当位而言为有罪也，况于讦人以取名乎？张横渠作《砭愚》《订顽》，自铭也，程子尚虑其启争，况于矫异鸣高，忤俗犯怒乎？

　　太史公《匈奴列传赞》曰："孔氏著《春秋》，隐、桓之间则章，定、哀之际则微，为其切当世之文而罔褒忌讳之辞也。"愚按太史公不满武帝穷兵匈奴，不敢深论，而托于孔子之意如此。既隐其文，于择将相又贰师之降不载于本传而载于此，其旨微矣。

抱朴子自序："管见荧烛之明，而轻评人物，是将卖彼上圣大贤乎？"愚按此与孔子作《春秋》、孟子拒杨墨、韩子攘佛老、朱子《杂学辨》不同。

王昶《戒子书》云："北海徐伟长，其有是非，则托之古人，以见其意，当时无所褒贬。"裴松之以为：马援诫子，"称龙伯高之美言，杜季良之恶，致使事彻时主，季良以败。言之伤人，孰大于是？文舒拟则文渊，显言人失，不如东方诫子，寄指古人，无伤于今"。

唐孔至撰《百家类例》，以张说为新族，剟去之。说子垍怒曰："天下族姓，何豫若事，而妄纷纷邪？"至惧，欲更增损，韦述曰："丈夫奋笔成一家书，奈何因人动摇，有死不可改。"余谓韦述可谓有风力，然亦顾其书之有关轻重何如耳。姓氏类例，诬附难信，无关经世大道之要，而横以此获罪当世，贾祸灾身，非君子之懿行也。至之撰，述之劝，两失之。谱牒在唐至重，见高俭等传，孔至牵俗为之，亦无可议。昔孙盛著《魏氏春秋》《晋阳秋》，有直笔。桓温见书枋头之事，怒，谓盛子曰："何至如尊君所说？若此史遂行，自是关君门户事。"盛卒不肯改。余谓若安国者，虽曰身非国史，不比董狐，然犹比于孔子作《春秋》，犹之可也。彼《姓氏类例》何为者也！范宏之有言："若不量时趣，以身尝祸，虽有砭硁之称,而非大雅之致,亦下官所不为也。"又如袁宏作《东征赋》,不及桓彝、陶侃,皆见劫逼于其子,按彦伯赋咏史诗,撰《汉纪》,作《名士传》,于时亦称矫矫,而前既被辱于景升之牛,后又为玄子九锡,见薄名流,其人不足称也已。石守道作《庆历圣德诗》,见恶于范文正公,皆以道时事之故也。前史如此,比者甚众,书之以自省戒。若李北海曰"不如此则名亦不来",此败德之言,子弟不可怵其盛名,托于斯类。夫为学近名,已冒哲贤之大戒,况甘心犯祸以取之。昔唐太宗称祢衡、潘岳矜己傲物,不得其死。余谓北海亦然。又张燕公谓康子元曰:"康子独出蒙轮,以当一队邪?"可见众非非正,独是不容于世,足为寒心。故箕子曰:"一国不知,而我独知之,我其危哉!"圣人于明夷取晦,于邦无道言逊。庄子知之,故托于寓言、重言、卮言也。则虽是正言,而伤物,则同为怨府。屈子云:"不量凿而正枘兮,固前修以菹醢。"

《困学纪闻》论《磨衲集》"磨衲"二字见梵经,玄应《一切经音义》云"年少净行",上字从手,下字从系。《魏书·卢景让传》有"邢摩纳",今《困学纪闻》从衣从石,误也。然东坡有《磨衲赞》,即指衲衣。曰:"《磨衲集》,王公庭秀作于绍兴壬子。考其论议,以郑介夫为妄言,陈少阳为鼓变,是熙丰之法度,非元祐之纷更,谓党人子为谬赏,谓苏黄文章为末艺,甚者拟程子之学于墨、释氏,而以《易传》为谢、杨删润成书,其反理诡道甚矣。诋赵、张二相尤力。盖自绍圣以来,奸憸茂恶,家以荆舒为师,人以章、蔡为贤,邪说诐行,沈酗入骨髓。更中天之祸,萧艾不薅,士习熟见闻。至绍圣间,邪诐尤肆行,笔之简牍,不耻也。是故人心不正,其害烈于洪水猛兽。吁!风俗移人,可畏哉!"孟瓶庵《瓜栅避暑录》引《唐诗纪事》云:"自贞元后,唐文甚振,以文学科第为一时之荣。及其流弊也,士子以豪气骂吻,游诸侯门,诸侯望而畏之。如刘鲁风、姚岩杰、柳棠、平曾之徒,其文皆不足取,余故载之,以见当时诸侯争取誉于文士,此盖外重内轻之牙蘖。如李益者,一时文宗,犹曰'感恩知有地,不上望京楼'。其后如李山甫辈,一名一第之失,至挟方镇,劫宰辅,则又有甚焉者矣。一篇一韵,初若虚文,而治乱之萌系焉。余是以知其不可忽也。"又曰:"唐诗自咸通而下,不足观矣。乱世之音怨以怒,亡国之音哀以思。气丧而语偷,声烦而调促。甚者忿目褊吻,如戟手交骂。大抵王化习俗,上下俱丧,而心声随之,不独士子之罪也,其来有源矣。"瓶庵又云:"张曲江,贤相也,刘禹锡以'世称其为相,时建言放臣不当与善地',作诗云:'良时难久恃,阴谪岂无因。寂寞韶阳庙,魂归不见人。'武元衡相宪宗,讨淮蔡,为盗所杀,禹锡作《靖安佳人怨》云:'适来行哭里门外,昨夜华堂歌舞人。'绝无愤贼伤逝之意。至李卫公一代才相,而温庭筠诗云:'蒿棘深春卫国门,九年于此盗乾坤。两行密疏倾天下,一夜阴谋达至尊。肉视具僚忘匕箸,气吞同列削寒温。当时谁是承恩者,肯有余波达鬼村。'自后浮薄益煽,若梅圣俞之于范文正公作《灵鸟赋》以示讥,杜默于欧公作《桃花诗》以讽。按杜默字师雄,濮人,事石守道。守道作《三豪诗》以赠之。尝以私干欧公,公黜之,默怨,作《桃花诗》。又贾岛不第,作《病蝉》诗以刺公卿。爱憎由己,不顾公道,文人无行,其来久矣。"树按:国朝康熙己未鸿博科之举,尽天下之选,号称得人,而不得者犹挟怨作诗,士习浮嚣,自古而然。君子所当深以为戒者也。诗云:"自古文章推李杜,而今李杜亦稀奇。叶公懵懂遭龙吓,冯妇痴呆被虎欺。宿构零辑衡玉赋,失黏出韵省耕诗。若教修史真羞死,胜国君臣也皱眉。谓高阳相国霄、宝坻相国立德、叶文敏方蔼、益都相国溥也。四公皆读卷官也。或言杜为杜臻,非是。臻秀水人,时为侍读。《明史》自康熙十八年开局纂修五十人,皆以博学鸿词荐入翰林者也。总裁官初用叶方蔼、张玉书,其后汤斌、徐乾学、陈廷敬、张英、王鸿绪相继为总裁,久之未成,特敕廷敬任本纪,玉书任志表,鸿绪任列传,稿成表上之,而本纪、志、表尚未就,鸿绪复加纂辑,雍正元年再表上之,于是《明史》始有全稿。瓶庵又云:"唐薛能从事西川日,每短武侯,至云'焚却蜀书应不读,武侯无以律吾身'、'阵图谁许可,庙貌我揶揄'。后为徐州节度使,东军乱,全家遇害,不可谓非武侯之神殛之也①。夫是非之心,人皆有之,反是为失其本心。夫庄周之非尧舜,犹为寓言;嵇康之薄汤武,亦有微指。至若刘煦、桑民怿之斥韩昌黎,李贽之讥濂洛,毛奇龄之薄周程张朱,皆所谓失其本心者也。"又云:"毛西河尝至闽,极言荔枝非佳,不如萧山杨梅。即此嗜好,便是拂人之性。无怪其历诋

---

① "不可谓非武侯之神殛之也"十一字,据文学山房本补。

周、程、张、朱、司马、欧阳，而独尊一高笠和尚也。愚谓叔孙武叔毁仲尼，慕容盛极诋伊尹、周公，刘知幾《史通·疑古篇》中排诋舜禹，以末世莽、操心事推测圣人，小人自绝，于日月何伤乎？陈耀文著《学林就正》，聚诸驳杂，诋诃圣人，比周公于曹操，以张栻晚得异疾为伪学之证，真别有肺肠哉！"

同里胡丈虔《柿叶轩笔记》云"《太平御览》引刘义庆《幽明录》载王辅嗣注《易》，讥诋康成，郑降神大言责之，王遂畏恶，得厉疾而死。以为此郑学者恶王党郑之言。方望溪侍郎又谓人之诋朱子者必受冥谪，多绝嗣。夫是非得失，天下万世之公，郑、朱有知，必以后人补正其阙为幸"云云。余按此说甚正，然亦须分别详之。如意在补正，纵不得是，亦为公心。若如焦竑、杨慎、毛奇龄及近世戴震、汪中等之诋朱子，诐邪诬肆，将害及学术人心世道，亦可幸乎？郑、朱固断无地下修怨、降神报复妖妄之异，但义理公心所不许者，即天地神祇昭布森列，宜亦有惩谪之理。

凡不得已而著一书，辨论是非，惟争曲折，非有爱憎，须是辞气和平，期于义理明白便止，不得负恃才气，逞臆任情，呵斥诟詈，有市井攘袂之态。刘歆争《左氏》，恃其义长，轻移太常，抵挫诸儒，诸儒内怀不服，相与排之，从是攻击《左氏》，遂为重仇。后来如范宁之斥王、何，刘焯兄弟好轻鄙先达，郑樵极诋班固，其言曰："班固浮华之士，全无学术，专事剽窃。"如此人才，将何著述①。近世杨慎、焦竑、郝敬、毛奇龄、张文炱、戴震、纪昀、汪中等之讥诋朱子，其尤甚者也。

明季诋宋儒程朱者莫如杨慎、焦竑两家为甚，浅谬轻肆，极口乱道，如《丹铅录》卷第九《晦庵僻论》一条，《宋人议论不公不明》一条，《宋主礼儒臣》一条，《周礼·秋官》一条，《大颠》一条，《王导》条"后世猥儒"一段，十一卷《秦汉人论性》一条，《宋儒论孔明》一条，《小真大真》一条，十二卷《中庸》一条，《朱子论孔子言伯夷求仁》一条，十三卷《子见南子》《李泰伯不喜孟子》两条，十四卷《郑玄解经不通》《朱子论吴才老叶韵》②《笨字训》三条，十六卷《宋人改乐》一条，十八卷《陈同甫》《郝经论书》《荀子解诗》《老子论性》《诗小序》五条，十九卷《宋人议论》一条，二十一卷《韩退之诗》一条，二十四卷《朱子论韩公大颠》一条，二十五卷《王安石名臣》《五代史欧文》两条，二十六卷"朱文公""孟子齐桓公""苏子瞻云文字之衰"三条，二十七卷《朱子谓孔子》一条，皆忿设诐邪，非衷论也。学者宜亟辨之。焦氏《笔乘》第四卷《朱子》一条有云："翁之统一诸子者，不能合符孔氏，则虽评骘之工，弹说之尽，椎击之便，剥剔之精，但服其口而不能服其心矣。"又云"今观晦翁之书，其所评骘千古，弹说百家，椎击

---

① "述"，原作"迷"，据文意改。
② "叶韵"二字，据《丹铅总录》补。

名士，剥剔群言，不遗余力矣。有曰：'吾于某而取其长者乎？'此真无知，非但诬也。朱子所注经多取先儒之说，焦氏不知耳。《沧州精舍告先圣文》曰"周程授受，万理一原。曰邵曰张，爰及司马。学虽殊涂，道则同归"云云。又论贡举治经，谓宜讨论诸家之说，各立家法，而皆以注疏为主。《易》则兼取胡瑗、石介、欧王邵程张吕杨，《书》则兼取某某云云，是则未尝摒弃疏而不取人之长者也。《四书集注》取五十余家之说，《诗集传》全用毛公，兼取东坡诸家之说，《诗序辨说》多取郑渔仲陆。清献曰："沈括、程大昌之徒，朱子皆有取焉，此朱学之所以大也。"凡此皆竑所未知，徒自负大魁，记问出于俗士寡陋之上，其实未梦见大儒宿德门户，因妄以世间白腹秀才一例诋诃，所谓夜郎水伯者也。有明末季，推博综者以竑与慎称首，然皆无根柢，故其浅陋妄肆如此。有曰：'古之学术有在于是，某乃闻其风而兴起者乎？'此只用《庄子·天下篇》道术及太史谭六家要旨说尧舜孔孟道统，浅陋已甚，且其所谓学术有在，闻风兴起者可知也。孟瓶庵云："明代讲学宗旨最多，其与宋儒相近者无论矣。王文成曰致良知，而其徒罗近溪易之曰赤子良心，聂双溪曰归寂，季彭山曰主宰，黄绾曰艮止，王心斋曰百姓日用，他若耿天台曰常知，李见罗曰止修，耿楚倥曰不容已，唐一庵曰讨真心，胡庐山曰无念，湛甘泉曰随处体认天理，皆有语录，不可胜纪。要之，陈白沙'静中养出端倪'为王氏之先驱，而焦弱侯、李贽之佛学即圣学亦王门流弊之极也。"东树尝论白沙宗旨最误，孟子四端随处触发，不待养而后出也。若必先向静中养出，则流于禅寂，况又加之以安排之说乎？虽学者主静功夫不可少，但必先自入孝、出弟、谨信诸日用切己功夫讲求义理，先知大分，然后就四端所发体验涵养，以扩充之。由可欲之谓善，有诸己之谓信，积渐以至火然泉达，造于大化，此明诚之正学也。佛氏之所差者，下手直从定静起，故为无头，纵得之，而品节亦不得详此也。朱子之学所以绍孔孟正传者如此，焦氏乃欲其同于庄、列慎到、宋钘、惠施之为者，妄矣，陋矣。粤中有容杜瑕者，明之遗老，弃家住海幢寺，与阿字和尚善，著书一卷，名《井观》，藏于僧徒，无刻本。其说曰"陆子主静,欲绝去意念,是有静而无动也。白沙主静,则欲养出端倪,先静而后动也。陆子当下便是把气禀之杂都做心之妙用,谓动与静一也。白沙商量端倪,有察其善恶离合之意,谓静与动分也。陆云涵养是主人翁,省察是奴婢,贵涵养而贱省察。白沙致虚一以立其本,商量端倪,以察其分殊,贵涵养,亦重省察"云云。大约乡曲之情意是白沙。愚谓白沙之误在入手已错,所以失者在不遵程朱,而必别标宗旨也。《语类》有南轩察端倪之说,愚按察非养也,从静养出端倪,此语病非止一端。又按白沙弟子传诸容氏兄弟,名有珪、球、玑、璿,未知杜瑕为谁之字。又阿字和尚万氏子,住海幢寺天然弟子也。有曰:'各以其术鸣而同于一吹,目为天籁者乎?'此以儒者道统同九流诸子之争鸣,亦太无重轻矣。往日读朱子书,其论如此,欲以暇日披览抉摘,取其合者为一编,别为一书,以表诸子凡经朱氏剖击者,明其各有宗也。附于庄生道术之后,以继邹鲁缙绅之论"云云。按竑此论欲牵孔孟下夷诸子,其大本已偾。又汉学诸人力诋程朱言心言理堕禅,而焦氏乃力诋朱子不应辟禅而力崇杨墨,详见焦氏所著《笔乘》。皆所谓邪说也。考竑师天台耿定向,传阳明之学,谓佛学即圣学,其解"颜子屡空"以为"心无挂碍,空诸所有"云云,其旨如此,则其言不亦宜乎?按颜子屡空,空心受道,本明道语,《集注》不用者,意有未安也,今更衍成佛谛矣。然程子实又有屡空兼二义之解,云"惟其虚中,故能屡空"云云。至论墨子,盖本伊川,略取昌黎之论,然伊川语自分明有方寸,程书论杨墨凡六处见,惟卷第十八刘安节所记最详。

　　赵岐[①]称孟子书"包罗天地,揆序万类,仁义道德,

---

　　① "赵岐",原本误作"赵歧",径改。下"岐"字同。

性命祸福,粲然靡所不载。帝王公侯遵之,则可以致隆平,颂清庙;卿大夫蹈之,则可以尊君父,立忠信;守志厉操者仪之,则可以崇高节,抗浮云。有风人之托物,二雅之正言,直而不倨,曲而不屈,可谓命世亚圣之大才者也"。按岐语辉光明白,昭如日星,而历代以来,犹多非刺。荀卿非孟,王充刺孟,林慎思续孟,冯休删孟,司马温公疑孟,李觏作《常语》,郑厚叔作《艺圃折衷》,晁说之诋孟,东坡《论语说》与《孟子辨》。明初刘三吾节去《孟子》七篇中八十五条,后赖连江孙芝奏复之。按林慎思死黄巢之难,人有可表。刘三吾,茶陵人,初名崑,后名如孙,字三吾,以字行,其删《孟子》一百七十余条,系奉敕为之。前有三吾题辞,刻在南京国子监,此书之外不以课试命题取士,《明史稿》无之,朱竹垞《与马寒中帖借刘三吾集》云有为耿炳文墓碑,见《养新录》。道之不明,知德者鲜,圣人固以叹之矣。宋高宗尝以独夫寇仇语问尹焞,尹举《周书》以对。窃以和靖自以此有难以为时主言者,故托诸经文以解。要之,夫岂不义? 而孟子言之,禹汤文武曰朽索,曰有罪,曰民岩,犹是心耳。许鲁斋论夏启、汉高事可相发明,其后高宗以罪晁说之,实和靖有以启之。鲁斋言见本传,说之事见周密《癸辛杂识》。尹逸告成王曰:"天地之间,四海之内,善之则畜也,不善则仇也。夏殷之民,反仇桀纣而成汤武;夙沙之民,反攻其主而归神农,若何其无惧也。"鲁斋语盖本此,即"抚我则后,虐我则仇",顾畏民岩之意但以戒人君则可,非安上下定民志之恒言也。《四库提要》云"宋尊《孟子》始王安石,元祐诸人务与作难,于是温公、晁说之疑孟、诋孟作焉,非诋孟子,攻安石也。白珽《湛渊静语》所记甚详"云云。愚按自荀卿、王充以来,攻孟者甚众,岂皆为安石与以安石故而遂失是非心,犯大不韪于义安乎? 于智得乎? 此自贤智之过。白珽字廷玉,元定宗朝人,全谢山云本舒氏子,舒文靖公之后,十龄随母养于白氏。按珽在月泉吟社中变姓名曰唐楚友,其书发《春秋》名教之论,陈义甚高。①

汉唐以来,儒者说道理亦颇有见地确实,足以发明微言至道,但择焉不精,语焉不详,或偏而不全,醇疵相糅,至关键紧要处多说得宽缓不分明,由其见处不彻,根本工夫未豁。略本朱子论曾南丰文语。独至宋代程子、朱子出,然后孔氏述业浸以光显,五经《语》《孟》所载宏纲大用奥义微辞,发挥底蕴,始终有序,进则陈之君子,退则语于公卿,或酬酢朋游,或讲之及门,其著述所传,精深高远,斯文不坠,后学有宗,所以继邹鲁而明道统也。略本胡致堂语。而近世一种浅学,忌嫉盛名,横诬丑诋,动谓讲学家好刻论人物,几使汉唐以下无完人。世俗无闻者众,道听涂说,不能究其是非,附和相仍,万口一舌,数百年来诐淫邪遁之说具出于宗工魁杰之书,斯其为害于学术至道之真,殆于洪水猛兽而尤甚者焉。余尝推论其故,由于其人不能躬行实践,动遵绳墨规矩,执德不宏,信道不笃,而托于不甘为曲谨小廉也。既不能自治,又狃于粗见陋识,则论人必务从宽假,凡以自为之地焉耳。夫所恶于小廉曲谨者,为其所见偏,所守小,抱尺寸之义而昧于其大者远者周遍之全量者,此其说似也。然苟析义未精,

① 按文学山房本此段作:"珽说非也,前后攻孟子者甚众,岂皆为安石与?以安石故,遂失是非之心,甘犯不韪,于义安乎?于智得乎?此与董复亨之推论朱子《名臣言行录》同一穿凿臆说也。"

小德出入，滑熟大节，又无可见之期，岂不为金壬夸
毗、流俗庸鄙之夫所藉口乎？盖小德出入，大德不逾，
此种人不数觏，必若寇莱公之流，方可承当。然已觉
粗豪，贻世訾议，况小事如此，大事可知，多为有识所
窥测不爽者乎？夫蚁隙穿漏，针孔泄气，岂有人贪荣
禄，事豪侈，或卤莽动侠，或容说诡随，而高谈名义，自
方古人，笔舌滚滚，道失行违，于辞受取予进退出处语
默，概置不论，而克保不渝不夺能贤乎哉？纵到头或
建一功，或拼一死，博一晚盖之名，己既居之不疑，世
亦不敢轻议，以为善善从长，虽有遗行，而何忍苛求之
也？后见张杨园先生论子夏一段，与余说合，曰："子夏'大德不逾闲'，
玩其辞气，以为止要大处立些名节，小处不必顾虑。不知名节者事势之
偶然，岂有期而立之之理？平生百行草草，假饶立得名节，不过一时意
气所为，非义理之本然，况如此之人，到临大节，必然仓皇回惑，鲜不至
于溃裂者。"愚谓必慎独忠信，临深履薄，然后临大节不夺，惟曾子为可
法，出乎此则皆不是。又朱子《答注尚书论苏氏书》曰："苏氏之言，高者
出入有无而曲成义理，下者指陈利害而切近人情，其智识才辨谋为气概
又足以震耀而张皇之，使听者欣然而不知倦，非王氏之比也。然语道厚
则述大本，论事实则尚权谋，衔浮华，忘本实，贵通达，贱名检，此其害天
理，乱人心，妨道术，败风教，亦岂尽出王氏之下哉？又其律身已不若荆
公之严，其为术要未忘功利，而诡秘过之，其徒如秦观、李廌之流，皆浮
诞佻轻，相与扇纵横捭阖之辨以持其说，而涣然不知礼义廉耻之为何
物，虽其势利未能有以动人，而世之乐放纵恶拘检者已翕然向之。使其
得志，则凡蔡京之所为未必不身为之也。世徒据其已然者论之，是以苏
氏犹得在近世名卿之列，而君子乐成人之美者，亦不欲逆探未形之祸以
加议贬，至于论道学邪正之际，则其辨有在于毫厘之间者，虽欲假借而

不能私也。"三代以后,数千年以来,止有此一种人品,此一种议论,尊为极至,假使有议之者,则众共斥为轻妄无知,或指以为刻,此焦竑诸人所以极诋朱子为椎击剔剥不使汉唐以下有完人也。要之,取人贵宽,论义理自有极至不易之则,前贤固当取,究不可指为圣人之道义止于此而已也。如《抱朴子》之《正郭》,可谓得正知见受。且孔孟所讥于曲谨小廉者,如云"果末之难","言必信,信必果",谓丈人、楚狂、陈仲子一辈人而不衷之义者耳,非谓可以豪侈忘检,不矜细行,为无妨于行义也。屈子称"尧舜耿介,遵道得路;桀纣昌被,捷径窘步",又曰"汤禹俨而祗敬,循绳墨而不颇"。子游取澹台子羽,在行不由径,非公不至。知乎此,则知朱子非刻于论人,而凡訾朱子者,皆出于妒惑诐邪无知而狂暴也。屈子云:"非俊疑杰兮,固庸态也。"故今略举数条,以辨其诬,世之君子详之。

董复亨《繁露园集·元城语录序》曰:"朱文公《名臣言行录》不载先生,殊不可解。及阅《宋史》,然后知其所以不载者,其故有三。盖先生尝上疏论程正叔,又与苏文忠善,又好谈禅。文公左祖正叔,不与文忠,至禅则心薄力拒者,以故不录。"纪氏昀推衍之,以此为识微之论。纪又据《道命录》以为备载孔平父诸人弹程子疏议,以示讥贬,独不载安世之疏,不过于孔平父条下附论其不知伊川而已,盖亦知先生人品世所共信,不敢动摇,而丑诋之也云云。按董复亨以浅鄙之见窥测君子，创为邪说，视朱子心术儿戏，如市井鄙夫。纪氏又推衍之如此，其流害人心匪细。吾姑不暇与深辨，只苏文忠亲与伊川相恶，至诋伊川为奸，尤好谈禅，《言行录》又何以载之？以实论之，元城弹程子，自是不识人，其平生人品自不失为正人君子，智之于贤者古今多有，二人心迹始终本末如青天白日，是非明白，千古共见。朱子何为心衔之？不敢动摇，而丑诋之，特区区予夺于《言行录》一书，以修报复。暧昧若此，不知成为何等举措，稍有识者所不肯为，而谓朱子为之乎？夫元城诚名臣耶，岂以《言行录》不载，天下古今遂昧其公是公议乎？至刘源渌谬妄之见，岂果朱子本意乎？刘源渌著《冷语》，诋安世为邪人，其罪甚于章惇、邢恕。安丘刘直斋《读书日记》，黄崑圃督学山左时始表章之，今读之，诚为深粹，大约与朱止泉、彭鲁冈相方驾，而不及张杨园、陆清献。顾其原书序称有五十卷，今所刊行者止五卷，系为陆巢云所删定，卷数悬绝，恐其微言绪论犹多可存而不可见矣。此诋元城语见于《四库提要》，今此刻《冷语》数十条，此言已不载，或为陆所删耳。陆名师字麟度，湖州人，道光丙申佟方伯景文谋为重刻，尝命东树作序，方伯旋没，乃不果。考朱子集中有《跋元城言行录》文一篇，其推崇景慕至于想象声容，恨不得见，则朱子于元城倾倒至矣。董氏、纪氏未之见，而谬议之，可谓妄矣。后见湖南友人魏源默深《书言行录》二首，辨此事较余说更详。且朱子撰《名臣言行录》，如吕东莱《与汪尚书书》及朱子《与吕东莱书》及叶文庄盛《水东日记》所言云云，则此书特未定，及他人附编，何得遽以私见邪心妄乱白黑也？纪氏又称朱子平日以程子之故，追修洛党之怨，极不满于二苏。此亦为诬，朱子岂有意修怨者？其平日论二苏，盖讲学术不得不归于至是，若其可取，虽一言不弃，故《四书集注》《书解》《诗集传》取坡说甚多，意甚重之。《名臣言行录》取子由《龙川略志》几半。是非公私之正，天下万世共见，岂等不学无术者党同伐异，相倾相轧，以私意著书，妄援立说，爱憎胜，名实淆，欲以一手掩天下目，而卒不可掩，徒自为小人之归，见讥于天下万世乎？凡论朱子者，此等疑似隐微事案凡数百十家，数十百处见，非止关碍朱子，要是关来今无穷人心学术邪正是非义理之辨，至切至重，余故不惜犯举世之罪而力辨之。后之君子，凡见此等，不得放过，须与推勘考实到底，使是非明白，即所以明道，息邪说，正人心，非私朱子也。又朱子《杂学辨》自是辨义理之精微，恐有误来学，所以立是非之极，非以私意爱憎为去取，况所辨不止苏氏《易说》《老子解》二书而已，至其取苏子由《古史》有好处，自是公论。纪氏乃云"朱子平日与吕祖谦议论相激，故作《杂学辨》以攻苏辙，此时反为之左袒"云云，将朱子义理公心尽说成反复小人之尤者，此等议论实关名教，岂得不辨？又李觏作《常语》三卷，极诋孟子，纪氏忌恶朱子之辨，因讳言觏自著书而托见于余允文《尊孟辨》。按杨慎亦以李觏诋孟子为传闻，皆忌恶朱子之辨，不肯言觏自著书也。又据《盱江集》中议孟子三条，以为左赞编集时所窜乱，反斥为庸妄，

《文献通考》明曰《常语》三卷。而终断之曰："此偶然偏见，与
欧阳修不喜《系词》同，可以置而不论"云云。夫人至
著书诋圣贤，尚护之以为可置而不论，有辨之者，反斥
以为可以不必，似未允协。况朱子虽辨《常语》，而于
李《退居类稿》极赞其文，以为实有得于经，从大处起
议论，胜于三苏，瑕瑜不掩，其论自平。纪又论张淏
《云谷杂记》，以为与一语异同，务申己见，书函往返，
动辄万言，讫于各尊所闻，各行所知者，意量之公私相
去远矣。按朱子何遽不如张淏？且朱陆所争是古今
何等义理，而谓之一语，亦失轻重，况指以为私乎？又
论赵与时《宾退录》，以为视宋人之务自回护而争胜负
者，其识趣相去远矣云云，夫岂有朱子而违心回护争
胜者耶？又论古之儒者立身行己！诵法先王，务通经
适用而已，无敢自命圣贤者。王通教授河汾，始摹拟
尼山，递相标榜，此亦世变之渐矣。迨托克托作《宋
史》，以道学、儒林分传，而当时所谓道学者又各自分
二派，笔舌交攻。自是厥后，天下惟朱陆是争，其祸遂
及于宗社。惟好名好胜之私心不能自克，以相激而至
此也云云。按程朱平生为学，何尝不是立身行己，诵
法先王，期于通经适用，无论并未尝如王通摹拟孔子，
实亦并无争胜之心。微独程朱，即陆王亦实无之。至
托克托作《宋史》立《道学传》，于程朱何与？牵论周
内，所谓欲加之罪，何患无辞。曾点之为狂者，孔子亲
言之，而曾子独传道统，是不同于父也。父子之间，不

敢苟同，亦曰求真得是而已。子夏西河疑汝，句用前人，忘其所出。曾子面责之，亦曰争道理耳，况其为学术之大义乎？道统传自古圣，希圣者自是则而是效之。仲尼祖述尧舜，宪章文武，岂不为摹拟帝王乎？纪又曰："讲学家以张栻之故，回护其父，未免颠倒是非。"又曰"宋人以张栻讲学之故，无不坚持门户，为其左祖"云云。夫人为友朋作其父行状，非董狐、南史及孙盛、李心传、刘时举辈以史笔自任之比，此顾亭林所谓古人文有未正之隐，待于后人之代为白者也。按《语类》，朱子所以断魏公是非者甚详，又不肯作赵忠简状。有云"向来作张魏公行状，止凭钦夫写来事实，后见《光尧实录》，其中煞有不相应处，故于这般文字不敢轻易下笔"。据此，则朱子于《魏公行状》固有不信之意，悔其旧作，非有意回护颠倒也。刘文靖《学古录》有跋魏公墨贴，云思陵起魏公于谪籍，而委以江海，诸军闻之，手额相庆，争相效用，其区区忠本朝之心青天白日，精诚之素孚于天人者，焉可诬也。虽李、宗、赵、曲之失不可掩，而其功烈亦伟矣，司笔削者尚慎之云云。斯为持平之论。① 考纪氏平日议论，凡于朱门有异论者则极力扬之，以见朱子之不必遵，故乐助其攻；如于蔡虚斋《易经蒙引》有驳正朱子，则称其不为苟合，识见通达；于刘炎《迩言》则称其光明磊落，不落门户之私。凡朱子书得正者则抑之，以为可以不必。如于方崧卿《韩集举正》，则以为虽有《考异》，不妨并存，何必坚持门户，尽没前人著作之功云云。按此自《考异》出而崧卿本为盛名所盖，岂朱子故

---

　　① 文学山房本"考纪氏平日议论"前，有"假令今人有至友，学行皆贤，而其父亦为时名臣，乞为作一文字，不知当如何立言，此皆不设身处地而快意肆螫而已"一段。

没之乎？又岂朱子所逆知乎？班彪称左邱明作《左氏传》《国语》，而《乘》《梼杌》之书遂暗，此岂可以之罪左氏乎？又如朱子论文中子极详，而纪氏一字不引，却于后云讲学家竟以为接孔颜之传，则慎之甚矣，此不为诬与？又钱大昕氏跋《潜虚》云："朱文公尝见温公遗墨多阙文，而泉州刻无一字阙，疑为赝本。余谓考亭不喜杨子云，而温公是书全学《太玄》，故有意抑之，非定论也。"按朱子但疑赝本，并未诋其书，何云有意抑之？况又迁怒乎？凡钱氏所以讥刺宋儒朱子者，皆无一实，其设心最可恶，此与董复亨以朱子因东坡而迁怒元城者同一虚诬。近世言考证者，宜ска以考证自坚其门户矣，而吾考其说，无不凿空脱节皮傅而遽云云者，不可胜举也。全谢山《鲒埼续编》云丰氏坊詈朱子无所不至，托于郝陵川之言，谓史卫王通于杨皇后，朱子馆于史氏，因为大夫得见小君之礼以附会之，门人问所出，则曰忘之。使先生而果然，则校之丰氏之背父逢君，良不甚远。不知朱子卒于元庆六年，史之官未达也。历嘉泰至开禧三年，史不过吏部侍郎，是年诛平原始执政，虽以内援得成功，然非有其仲侨如庆克之污，岂特得罪大贤，即史卫王当击之矣。且朱子何尝馆史氏，馆者，慈湖杨文元公也。陵川则江汉先生之徒，力宗朱子者。丰氏非漫不读书之人，病狂所为耳。**总之，凡为此等论者，务毒正诬善，而横有高名，为世所信，邪说蔓衍，最易惑人，附之者极众，不可不放绝之也。昔李大性作《典故辨疑》，自序以为"作谤书以诬盛德，盖诛绝之罪也"。余故取凡诬朱子者列之《伤物篇》中。或曰："子之意则善矣，其亦如伤物何？"曰：昔王安石作《三经义》，虽曰王氏之书，而当时朝廷著为功令，用以取士，则亦同文之治也，而杨龟山、王居正不敢不折衷讲辨而傅奏之，亦曰卫道而已，而况我皇上继列圣昌明正学，尊崇朱子，用以垂范百世，而特为辨其诬，亦何伤乎？吴中友人某，其诗集中有《书宋文鉴》，诗曰："睿**

思殿内傍炉熏,步出迎阳讲读勤。原注:"神宗命于迩英阁讲读《通鉴》。"不奈晚生轻拆洗,欲愚黔首效商君。原注:"谓《纲目》之作。"温公尚自遭嗤黜,原注:"新安朱氏谓温公枉费精力作《通鉴》。"按朱子论《通鉴》,其是非得失铢两无差。见《语类》一百三十四,学者阅之自详。凡论古人,须察其立言本意,不可昧昧,但执孤文单句,又挽以私见爱憎周内而傅成谳狱,则彼圣人且不免,何况其余?何况东莱继选楼。原注:"朱氏曰:'伯恭承当此事,何不发明人主之学?'其意殆欲专取道学腐语,而经世文章不必采也。"吓取儿童书尽束,清谈高座保金瓯。"按朱子于温公《通鉴》极其推崇,集中有《资治通鉴举要历后序》,发挥全书本末,至以显晦关乎时运,可谓至矣。又曰:"伟哉书乎! 自汉以来,未始有也。"见《论袁枢纪事本末》。其作《纲目》,名曰《资治通鉴纲目》,盖托于四书之后,谓《通鉴》及《目录》、《举要历》,胡文定《举要录补遗》。别著义例,见于自序。其论《稽古录》曰:"末后一表,其言如蓍龟。"又曰:"温公之言如桑麻谷粟。尝思量教太子诸王,恐《通鉴》难看,且看一部《稽古录》,有不备者,以《通鉴》补之。"其于《宋文鉴》亦极推崇,至崔大雅删去吕陶《论制师服》文,朱子深惜之。又曰:"编得沈存中律历一篇,说浑天仪亦好。"于《与东莱书》及论此书之说,皆极赞之,则朱子于《文鉴》无不取经世之文意。至于斥《文鉴》乃《孝宗实录》史臣承侂胄之指,于朱子无所征。又闽中某公书中有一条曰"明道语人曰'操则存,舍则亡。出入无时。此非圣人之言,心岂有出入'云云,以为不图先生乃有此卤莽之语,至疑非圣人之言,然则孟子引之,亦非耶"云云。按此条程书中凡三处见,惟卷第十八刘安节所记最详,其说至当,《集注》已取入,并无有"疑非圣人之言"之语,大抵诬善之词游。其故有三:一看书未审,或昧其上下文别有未尽之意,轻妄立说,浮谈无根,此不过浅陋而已;一则有意欺罔,摭拾单词,取与己意相合,影响傅会,曲辨周内;最甚者,其所引书皆凿空造谤,疑误后人。若与一一考实,则是非自明也。《论语集注》"主忠信"下已著程子称此二语,何得乱道?

书林扬觯卷下

著书争辩

《日知录·直言》一条引张子"民，吾同胞"语而申其义，以为"救民以事，此达而在上位者之责；救民以言，亦穷而在下位者之责也"。因历著《诗》《书》史传清议直言者，以证其义。

朱子曰："前辈固不敢议论，然论其行事之是非，何害？固不可凿空立论，然读书有疑，固不容不立议论。"余按此明学者为闲道起见，著书议论又不可少，其源出于孟子。

陆清献有言："学术之害，其端甚微。故自古圣贤未尝不谦退忠厚，而于学术同异必兢兢辨之，其所虑远矣。"近世儒者多诋朱子好刻论人物，以为几使汉唐以下无完人。甚者或直指朱子心术为蛇蝎，为险隘，为与人仇忿，违心争胜，不顾是非之公，而其说壹托于圣人忠厚之意。此非也。夫贤人之于圣人，其分位严矣，未能适道与立，而遽说中和，此胡广辈所托以藏身也。昔罗念庵学良知之学者也，而其与人书云："学者舍龙场之惩创，而谈晚年之熟化，譬之趋万里者不能蹈险出幽，而欲从容于九达之逵，岂止躐等而已哉？"余谓孟子说乡原，讥狂狷，而状其心迹，千古同辙，所谓"不可与入尧舜之道",原不必与辨,辨之亦终不能信。然而其说足以惑世,贻害人心,故余不得不剧论之曰:庸俗之尚同流合污而恶直丑正也,固未肯以小人自处也,其言必托诸圣人以为重,不知圣人实未尝以夸毗模棱为事也。故尝小管仲,彼子西,嘻斗筲,于令尹子文、陈文子皆不许其仁,而尤恶乡原之乱德。其于是非之际,义亦严矣。或问彭鲁冈:"大舜隐恶扬善,孔子或摘发人过,何也?"曰:"求言与辨道不同。恶言不隐,善言弗扬,人不乐于进善矣;真伪不别,邪正不分,人不明于向善道矣。故人皆以微生高为直,不得不以乞醯辨之;人皆以臧文仲为智,不得不以居蔡辨之。犹之尧以嚚讼辨启明,以静言庸违、象恭滔天辨方鸠僝功也。"又问:"讲学何必过刻?"曰:"毒草似蒉,恐人不知而误服耳。"此论明决,可以摧铄阴霾矣。至言不出,则俗言胜,天下悠悠,失是非之真,其祸大道学术,岂细故哉?

　　苏子瞻《子思论》云:"圣人言而不议不争,为区区之论,以开是非之端。"按子瞻意盖讥孟子不当与人为辨,亦是边见。圣人订六经以垂世,《诗》有美刺,《书》有法戒,《春秋》有褒贬,盖宇宙间自有此是非义理之公,所以导民齐俗,不可诬也。是以孔子于臧文仲窃位,季氏富于周公,禄去政逮,佾舞《雍》彻,皆不避言之。若如王昶、裴松之之论教子,尚不敢尽言,则亦何处可容吾直言者,不几慎而葸且伪乎? 视世道如此之隘,相率而为模棱隐情,惜己如寒蝉,士气消沮,直道不闻,非时之福也。至子思作《中庸》,只陈其理,不及时人时事,乃是其书体裁适宜如是,非畏启争而以凡经典皆宜出于是为正也。子瞻边见妄说,亦由当日与伊川为难,故借论孟子以抑之,而不顾其为失言也。班固所谓"托于圣人以重其言"者耳。

天下事有当辨论者,不可一概曰"齐物"、"息争"也,但必度其事之体及己所处之位与时,如立朝,事关君国民生利害,岂得不争?事若当职,争以死职可也。如胡广、赵戒、李世勣,则误国之罪人矣。若不当职,而其时又不可言,则须消息时宜。至于著书亦然。事关人心学术之大,负闲道之责者不得不争。如孔子作《春秋》,孟子辟杨墨,韩退之攘佛老,杨龟山、王居正辨新经义,陈了翁《尊尧录》,朱子辨李公《常语》《杂学辨》,近世如湛若水《杨子折衷》,陈建《学蔀通辨》,皆是。[①] 若俞文豹《吹剑录》,则是阳尊吾道而阴以助之攻也。《吹剑录》记道学党禁甚详,其言曰"韩、欧、范、马、张、吕诸公无道学之名,有道学之实。伊川、晦庵二先生言为世法,行为世师,道非不弘,学非不粹,而动辄得咎,由于以道统自任,以师严自处,别白是非,分毫不贷,与安定角,与东坡角,与龙川辨,象山辨,求必胜而后已"云云。按孔子谦退,孟子自任,圣贤所处时地不同,要皆为明斯道,非为己也。庸俗之见,安足知之?且程朱志业与韩范不同,而欧马诸公又何尝

---

① 此下文学山房本有"其在释氏,则自如来成道后,如陈那吼石,道融摧婆罗门外道,荷泽会公面抗七祖,亦其类也"三十六字。

不动辄得咎？此只是欲为乡原自私之计，而见又未周也。

　　辨论学术始于孟子，孔子顺、鲁仲连之于公孙龙、田巴等驳杂小辨不与焉。辨论经义始于刘歆。中兴之后，范升、陈元、李育、贾逵之徒争论古今学，后马融答北地太守刘瓌及郑玄答何休，义据通深，由是古学遂明。见《郑玄传》及各本传。贾逵作《长义》，郑玄《驳许慎五经异义》《答临孝存周礼难》及《发墨守》《起废疾》《针膏肓》。其王式、江翁、戴冯、孟光、来敏口舌謘咋不与焉。福州陈寿祺刻郑氏《驳五经异义》，序曰："五经皆手定于圣人，然左、公、谷已如瓜畴芋区之不相合。曾子与游、夏善说礼服，而《檀弓》言小敛之奠，东西异方。司徒敬子之丧，吊经异用。公叔木与狄仪之所为服，功衰异说。周衰礼失，旧闻寝湮。或遗文坠绪，传习错出；或繁节缛礼，儒者难言。其后支裔益分，门户益广，则五经安得无异义哉？汉承秦火，学者不见全经，经义多由口授，古文始出壁中，经生递传，各持师法，宁固而不肯少变，斯亦古人之资厚贤于后人之波靡也。但去圣日远，枝叶日多，不有折衷，奚由遵轨！此石渠、白虎所以论同异于前，而许氏所以正臧否于后也。石渠议奏之体，先胪众说，决定一尊，览者可以考见家法。刘更生采之，为《五经通义》，惜皆散亡。《白虎通义》经班固删集，深没众家姓名，殊为疏失。不如叔重所援古今百家，皆举五经先师遗说，其体仿《石渠论》而详瞻过之。自建武以后，范升、陈元之徒忿争谨哗，颇伤党伐。永元十五年，司空徐防言太学试博士，皆以意说，不修家法，妄生穿凿，轻侮道术，以为博士。及甲乙策试，宜从其家章句，开五十难以试之，能释多者为上，第引文明者为高说。是时师法已衰。至安帝薄于艺文，博士倚席不讲，经术之风微矣。叔重此书盖亦因时而作，忧大业之陵迟，捄末师之踳陋也。郑所以驳之者，为祭酒受业贾侍中，敦崇古学，故多古文家说。司农囊括网罗，意在弘通，故兼述今文家说。此其判也。张怀瓘《书断》称叔重安帝末年卒，《郑玄别传》永建二年生郑视，许为后进，而绳纠是非，为汝南之诤友。夫向、歆父子，犹有左、榖之违，何、郑同室，何伤《箴膏》之作。圣道之大，百世莫殚。期于事得其实，道得其真而已，庸讵与夫悦甘而忌辛、贱鸡而贵鹜者哉？"孝宣石渠在前，章帝白虎观在后，《石渠奏议》今不传，《白虎奏议》淳于恭也，班固集为《白虎通德论》。自是之后，虞翻定郑玄五经违义一百六十事，司马彪纠谯周《古史》讹谬一百二十事，王肃作《圣证论》，孙叔然驳《圣证论》，孙毓《毛郑异同评》，陈邵《异同评》，刘炫规杜预之过一百五十余事，唐元行冲辨魏徵《类礼》，沈既济驳吴兢史议，宋刘原父《春秋权衡》《两汉刊误》，吴缜《新唐书》《五代史纠缪》，或言吴缜此书为修怨于欧公。胡三省辨史炤《通鉴释文》，按钱大昕《养新录》宋有三史炤，一眉山人，字见可，撰《通鉴释文》；一颍昌人，文彦博所受学；又咸淳中一史炤，虞伯生有资阳史氏谱，史绳武炤之曾孙也。"按史见可南宋末人，《释文》舛陋之甚。近又有席帽山人史炤，见吴德旋《闻见录》，似是明季人。席帽山在广东，而《通志》无史炤，记检。凡数十百种，皆分门专书。又有总辨经义者，如《六经论》《五经异义》《通义》《要义》《钩沈》《然否》《匡缪正俗》《七经小传》《六经正误刊正》《九经三传沿革例》《六经奥论》《五经稽疑》《群经补义》《九经古义》《古经解钩沈》《九经误字》《群书拾补》，不可更仆数也。

朱子曰："异端害正，固君子所当辟，然须是吾学既明，洞见大本全体，然后据天理以开有我之私，因彼非以察吾道之正。议论之间，彼此交尽，而内外之道一以贯之。如孟子论养气而及告子义外之非，因夷子而发天理一本之大，岂徒攻彼之失而已哉？所以推明吾道之极致本源,亦可谓无余蕴矣。"又曰:"讲学义理,止是大家商量,寻个是处,初无彼此之间。不容更似世俗遮掩回护,爱惜人情,才有异同,便成嫌隙。"余按宋莒公通小学,好证人误书,以此招怨,盖人心多妄,大抵矜己妒名,罕能确然审是非之真,共尽理实,不惩其心,覆怨其正义,或颠踬意则弥健,一语异同,诟詈成仇,门户水火,古人谓之儒枭学霸,不成气象。吕叔简曰:"而今讲学,非为明道,只是角胜。"窃谓言者风波,人心多昧,闻过则喜,闻善则拜。舍己同人者,惟圣贤能之。《传》曰:"惟善人能受尽言,齐其有哉?"班固曰:"孔子作《春秋》,有所褒讳贬损,不可书见,口授弟子"云云。虽未可信,要圣人实有惧人罪己之语。昔韩公不敢作唐史,其后孙樵作《西斋录》,发凡起例,大义凛然。二者之义,君子宜审所处,得已与不得已,必有辨也。

李穆堂绂《答雷庶常问传习录问目》以为讲学而立意摘人之疵,其意已不善,不得为讲学矣。此语甚正,下忽云"虽然,此当为宗朱子者言之,不必为宗陆子者言之也"。按如此成何议论。观穆堂书论学论古人,大抵矜立门户,悻忿凌折,怒气满纸,如《书孙承泽考正朱子晚年定论后》力诋陈建为无知,意在援朱就陆,吹阳明、篁墩之余焰,以张江西门户。其《不惑录序》亦特钞朱子大略近似先支离而后归陆子者以诬朱子也。阮吾之云:"李穆堂记问最博,而持论多偏,在明史馆谓严嵩不当入《奸臣传》,辨争甚厉。后杨农先学士以滑稽语应之,李穆堂始不能答。"按杨名椿,武进人,有《孟邻堂集》,康熙戊戌进士。

《四库提要》称毛奇龄好为驳辨以求胜,凡他人所已言者,必力反其词,所作《经问》,其中所排斥者如钱丙、蔡氏之类多隐其名,而指名攻驳者惟顾炎武、阎若璩、胡渭三人。以三人皆博学重望,足以攻击,而余子则不足齿录也。又惠定宇教江声曰:"罗愿非有宋大儒,不必辨。"按若是必择大儒而攻之,然后乃足立名,此近日学者著书攻朱子之本谋也。

《四库提要》论陈耀文《正杨》曰:"考正其非,不使转滋疑误于学者,不为无功,然衅起争名,语多攻讦,丑辞恶谑,无所不加。虽古人挟怨构争,如吴缜之纠《新唐书》者,犹不至是,殊乖著作之体。又与王世贞反唇辨难,喧同诟厉,愤若寇仇。观是书者,取其博瞻,亦不可不戒其浮嚣也。"朱国桢《涌幢小品》曰:"自有《丹铅录》诸书,便有《正杨》,又有《正正杨》。古人古事古字,此书如彼,彼书如此,散见杂出,各不相同,见其一不见其二,哄然纠驳,不免为前人所笑。"

著书精博二派

太史公曰："好学深思，心知其意。"此为一派，所以尽精微也，义理、文章之学以之。班固曰："笃信好古，实事求是。"按"实事求是"四字本河间献王语。此为一派，所以博文也，汉魏六朝经师、义疏、名物、训诂之学以之。二者不可偏废，乃为学之全。今谈宋学者以空疏语录为宗，非真程朱；谈汉学者以曼羡支离为是，非真班固、献王。晋、楚带剑，臧、穀同失，窃以为两病也。昔永明禅师初习台教，后乃教乘双修，今之君子，其智殆出永明下矣。

褚季野语孙安国曰："北人学问，渊综广博。"孙答曰："南人学问，清通简要。"支公曰："北人看书，如显处视月。广则难周，难周则识暗。南人学问，如牖中窥日。"寡则易核，易核则知明。顾欢有言："精非粗人所信，博非精人所能。"李延寿谓："南人约简，得其英华；北人深芜，穷其枝叶。"然则此二派之学自古不能一之矣。

贾公彦《仪礼疏序》云："其为章疏，则有二家：信都黄庆，齐之盛德；李孟悊者，隋之硕儒。庆则举大略小，犹登山远望而近不知；悊则举小略大，似入室近观而远不察。二家之疏，互有修短。"愚谓近世汉学考证，皆举小略大也。

戴东原一生学问，主张义理即在典章制度，到晚年自悔毫无用处，不得力。虽然，斯言也，须审辨之，否则又堕于束书不观、高谈性命、空疏浅陋之可鄙者，其害更甚。汉学诸公之失，非失之博，失之专，矜其博而不求是，而又诬朱子为废训诂名物耳。

孔子曰"君子不多"，而又曰"多学而识"，曰"博文"，曰"多闻多见"，曰"好古敏求"。孟子亦曰"博学而详说之"，博岂可少哉？但孔子贵阙疑，孟子贵反约。圣人道周学全，理无偏废，但言各有当耳。程子"玩物丧志"之语，久为世诟，知德者尠，固未有知其切于身心体验者矣。苟有一日用其力于德仁，方知其味也。不然，如马、郑大儒，可谓博观群籍者，何以不闻其克班于颜、曾、思、孟也。世人所以诟程子者，只为患不博雅不足成名，并非为要明道也。如子夏、程子、朱子之教，何尝教人束书不观，杜其聪明，安于固陋也。而一种庸浅之论又偏废博学，为陋儒开之端，便于束书不观，空疏不学，而高谈性命，可憎可厌，真有如汉学者所呵斥诋贱也。士习胶固，囿于浅薄，非可以口舌之力一旦移也。

黄黎洲云："读书不多，无以证斯理之变；读书多而不求于心，则又为伪儒矣。"斯言至矣。

著书说经

张杨园曰："经书从先儒发明已极详尽，但能择善而从，优柔餍饫，期于自得，不当复有著述，徒乱人意，无益于学。大凡好立文字，是学人一通病。"

陆清献《读朱随笔·大全集第七十二欧公事迹》曰："公尝谓前儒注诸经，惟其所得之多，故能独出诸家而行于后世，而后之学者各持好胜之心，务欲掩人而扬己，故不止正其所失。虽其是者，一切易以己说，欲尽废前人而自成一家。此学者之大患也。故公作《诗本义》，止百余篇而已，其余二百篇无所改易，曰：'毛、郑之说是也，复何云乎？'呜呼！此其用心至公，岂子瞻所及哉？宜朱子之有取也。"

著书说经，最是大业，自康成以来，以专门训诂为尽得圣道之传，唐贞观及明代杨廷和、顾炎武等，皆主此以定孔庭之从祀。按《五礼通考》："《礼记·文王世子》：'春官释奠于其先师。'郑氏注：'官，谓诗书礼乐之官。'"[1]先师，若汉礼有高堂生，乐有制氏，《诗》有毛公，《书》有伏生，而礼家遂谓各于其所习之学祭先师。孔《疏》及宋刘氏彝说。自是后儒言先师者本此。唐贞观时，遂以左丘明以下至贾逵二十二人为先师，配食孔圣。魏华父曰："经各立师，周典安有是哉？所谓各祭

---

[1]　按此《旧唐书》之文，《五礼通考》引之。

其先师，疑秦汉以来始有之，而《诗》《书》《礼》《乐》各有其师，而不能以相通，则秦汉以前为士者断不若是隘也。"熊去非曰："礼家谓《诗》《书》《礼》《乐》各有其师，所以为祀亦异，则疑出于汉儒专门之附会。三代以上，大道未分，必不至此。"马端临曰："夫圣，作之者也；师，述之者也。述夫子之道，以亲炙言之，则莫如十哲七十二贤；以传授言之，则莫如子思、孟子，必是而后可以言先师，可以继先圣。今舍是不录，而皆取之于释经之诸儒。如以二十二子言之，独子夏无以议焉，左、公、谷犹曰受经于圣人而得其大义。至于高堂生以下，则谓之经师可也，非人师也。如毛、郑释经，于名物固为该洽，而义理间有差舛，至王辅嗣之宗旨老庄，贾景伯之附会谶纬，则其所学已非圣人之学矣，又况戴圣、马融之贪鄙，则其素履固见摈于洙泗，今乃俱在侑食之列，盖拘于康成之注，而以专门训诂为尽得圣道之传也。"而顾炎武曰："理宗宝庆三年进朱子，淳祐元年进周张二程，景定二年进张栻、吕祖谦，度宗咸淳二年进邵雍、司马光。以今论之，惟程子之《易传》，朱子之《四书章句集注》《易本义》《诗集传》及蔡氏之《尚书集传》，胡氏之《春秋传》，陈氏之《礼记集说》，是所谓代用其书，垂于国胄者尔。南轩之《论语解》，东莱之《读书记》抑又次之，而《太极图》《通书》《西铭》《正蒙》亦羽翼六经之作也。至有明嘉靖之年，欲以制礼之功盖其丰昵之失，而逞私妄议，辄为出入，

殊乖古人之指。夫以一事之瑕而废传经之祀，则宰我
之短丧，冉求之聚敛，亦不当列于十哲乎？弃汉儒保
残守阙之功，而奖末流论性谈天之学，今之汉学攻宋儒祖
此二语为铁案。于是语录之书日增月益，而五经之义委
之榛芜，自明人之议从祀始也。有王者作，必遵贞观
之制乎？"寻顾氏之意，只病空疏，后来汉学变本加厉，遂成横流，皆
顾氏此论启之。

　　荀悦《申鉴·时事篇》云："仲尼作经，本一而已，
古今文不同，而皆自谓真本经；古今先师，义一而已，
异家别说，而皆自谓真本说。仲尼邈而靡质，先师没
而无闻，将谁使知之者。文有磨灭，音有楚夏，出有先
后，或学者先意有所措定，后世相仿，弥以滋伪，故一
源十流，天水违行，而讼者纷如也。势不俱是，比而论
之，必有可参者焉。"按荀氏此段文法出于《韩非·显
学》，惟"古今先师"云云，其说未审，以为孔子以前之
先师，则其时固尚未有经，若仲尼作经以后，则固云
"七十子没而大义乖"，安得一也？今除子夏开元时升子
夏，止二十一人。而称先师，如左丘明、公羊高、穀梁淑、
荀况、高子、申培、韩婴、毛苌等，其义实已不一，不待
建元而后始分也。刘向称先师皆出于建元之间。盖异家别
说，即在周秦汉之先师，特魏晋以降益纷纭耳。荀氏
此论，言虽小失，然持论平允，足尽事理。吾尝谓孔子
订六经，收拾上古以来，唐人定注定本作疏，收拾汉魏
八代以来，朱子集四子书，订周程张诸儒之说，直接孔

子、曾子、子思、孟子以来，是为古今三大治，奈何今之学者复欲鼓异家别说之狂澜乎？钱塘吴文健曰"经术自汉以后，莫盛于唐，贞观、永徽之际，凡六朝人所为音义，陆德明集之为《经典释文》，六朝南北各本之乖异，颜师古折衷之为五经定本，六朝南北诸儒异说，孔、贾刊定之以为义疏"云云。而近世汉学诸人必痛诋而力攻之，谓"孔冲远不知古学，窜订乾没"云云，殊为失是非之平。

惠氏栋曰："汉人通经有家法，故有五经师训诂之学，皆师所口授，其后乃著竹帛。所以汉经师之说皆立于学官，与经并行。五经出于屋壁，多古字古音，非经师不能辨。经之义存乎训诂，识字审音，乃知其义。是故古训不可改也，经师不可废也。"按此说确当，但以为古训不可改，所以差失偏向，汉学流为祸胎，盖汉经师相传，其训诂文义固当求矣，奈所传所说或非圣人之本经本义何哉？如惠氏《古义》博而不安，得真甚少，又其校经，喜据《淮南》《吕览》《管》《荀》《韩诗》《说苑》《御览》等书，言虽有征，而多僻违。昔孔子赞《易》黜《八索》，序《书》汰《三坟》，若出今人，必援之以为博物异闻秘箓矣。

刘静修《叙学》曰"未知其粗，则其精者岂能知也；迩者未尽，则其远者未能尽也。六经自火于秦，传注于汉，疏释于唐，议论于宋，日起而日变，学者亦当知其先后。近世学者往往舍传注疏释，便读宋儒之议论，按此论实中后世学者之病，朱子教人读注疏诸说已谆复言之。盖不知议论之学自传注疏释中出，特更作正大光明之论耳。传注疏释之于经，十得其六七。宋儒用力之勤，铲伪得真，补其三四而备之也。故必先传注而后疏释，疏释而后议论"云云。按此论甚正，朱子已尝屡言之矣。按刘文靖自订《丁亥诗》五卷，尽取他文焚之。卒后，元世祖下诏求访其书，其故友哀收增附为《静修集》三十卷，至正中官为刊行，元明皆从建本校刻，有邵文庄宝序，结衔称"征士集贤学士嘉议大夫赠翰林学士资德大夫追封容城郡公谥文靖"。康熙己未，容城令益都蒋如华合孙征君钟元《岁寒集》、杨椒山《忠愍集》为《容城三贤集》，仅四①卷，非三十卷之旧。

虞文靖曰："今人但见宋儒六经，而不知宋儒以前六经。"按自此等说既开，后来至杨慎等，其说益肆，若近世汉学诸人则更成横流矣。吾则谓诸人只见汉唐注疏六经，不见孔子六经。孔子六经，非宋儒其谁昭之。圣人复起，不易吾言矣。按《道园学古录》五十卷，《遗稿》六卷，元明以来皆从建本校刻。考虞《与李彦方书》云："先正鲁国许文正公实表章程朱之学，以佐至元之治，天下人心风俗之所系，不可诬也。近有晚学小子，不肯细心穷理，妄引陆子之说，直斥程朱为非，以文其猖狂不学，以欺人而已。此在王制所必不容者也。"又其论学校求操履近正而不为诡异骇俗者，确守先儒经义师说，而不敢妄为奇论者云云。又按刘静修初为经学，究训诂音释之说，辄叹曰："圣人精义殆不止此。"后得周程邵宋之书，一见能发其微，曰："我固谓当有是也。"及穷其学之所至，而曰"邵至大也，周至精也，程至正也，朱子极其大，尽其精，而贯之以正也"云云。二公高识卓论如此，必不如后来杨慎辈之轻妄诋肆，仅据此二条单言以为极论也。

晁公武《志》刘原父《七经小传》曰："元祐史官谓庆历前学者尚文词，多守章句注疏之学，至敞始异诸儒之说，后王安石修经义，盖本于敞。"陈直斋亦曰："前世经学大抵祖述注疏，其以己意说经著书行世，自敞倡之。"按此以己意说经之始为古今一大因革，不可不知，然如公羊、穀梁及汉徐防所论及唐陆淳、卢全、啖助、赵匡等说《春秋》，已是自出新义，不始于敞也。又直斋题朱子《孝经刊误》曰："抱遗经于千载之后，而能卓然悟疑辨惑，非特起独立之士不及此，后学所不敢仿效而不敢拟也。"按直斋语含蓄可思，盖若谓"有伊尹之志则可"云尔。《困学纪闻》卷八司马温公、朱子、陆放翁论学者无真知、蹰等、轻议经传三条可参看。

程子曰："传经最难，如圣人之后才百年，传之已差。圣人之学，若非子思、孟子，则几乎息矣。"

朱子曰："文字原来真是难看，彼才得一说，终身不移者，若非上智，定是下愚。"余按近有一种妄人，好以边见浅狭之义轻易说经，乍见亦似新奇可喜，专以眩俗士，而足害义理。此风一开，浮薄好名之士争效为之，最易滋蔓，我辈当严以为戒。又曰："尹和靖曰：'解经而欲新奇，何所不至。'令人悚然。"

又曰："某解经，只是顺圣贤语意，看其血脉贯通处，为之解释，不敢以己意说道理。"据此可知戴氏罪朱子"凭一己之意见执之以为理"之语之诬。

又曰："经有不可解处，只得且阙，若一向去解，便有不通而谬处。"据此可知汉学考证家强解经之妄。

又曰："解经不必做文字，只合解得文义通，则理自明，意自足。"又曰："解经但要略得文义名物，而使学者自求之，乃为有益。"按自来传道皆不轻易便说，说则彼以知解受之，而终身不得真悟矣。此一贯之传所以必待真积力久，将悟之顷，一点即醒，所谓时雨之化之者也。若日日以雨浇枯梗朽木，何谓时化？此法惟禅家持之最坚，裸雪断臂，尚不轻宣，及其悟者，往往悲涕自扣，感激当日所以不遽语之恩，相传作一大公案因缘。禅宗有云："我不重先师道德，止重先师不为我说破。若为我说破，岂有今日？"按此指不可执者，学者详之。圣人无行不与，可与言而不言，失人，岂故为隐乎？析义不精，便成流弊。游定夫书《明道行状后》记明道语横渠事，可参观。

又曰"某平日解经，最为守章句，然亦多推衍文义，使看者将经与注作两项功夫，下梢看得支离，至于本旨全不相照。以此方知汉儒可谓善说经者，不过只说训诂，使人以此训诂玩索经文，不相离异，只作一道看，直是意味深长也。《大学》《中庸章句》缘此略修一过，《论语》亦如此，《孟子》则方欲修之未得"云云。按朱子此言明其解经务去支离，但存圣人本意而止耳，故须玩索经文，与汉学诸人所云圣人义理尽于训诂，但专门训诂不必求义理者语同而指异。考朱子此书作于淳熙二年，时年四十六岁，其后修改《大》《中》《论》《孟》，至七十一岁而止，亦可见其所订著者无失也。又如所称汉儒只说训诂，意味深长。以此言求之，惟毛公《诗传》尤见此意耳。

又曰："读古书而能别其真伪者,一在以其义理之当而知之,一在以其左验之异同而质之。"余按二者相须,不可偏废。今之为汉学考证者专主左验异同,而全置文义不顾,如惠氏、臧氏诸家尤甚,大率理狭而短拙,令人反而求之,不得于心,推之事物之理,窒碍而不可推行。昔徐遵明读康成书,以"六寸策"误作"八十宗",因曲为解说。《困学纪闻》言有误读汉武元朔二年诏阙字本"而肆赦"作"内长文",因广为证辨。今之汉学解经,皆此类也。读朱子《杂学辨》,乃知义理之深,其精微如此。毫厘之差,千里之失。世之学者乃以驳杂之说、陋谬之见,轻易说经,粗鄙轻浮,张皇骇怪,极之肆无忌惮,后学君子不可不以为戒也。

又曰："古书有未安处,随事说著,使人知之可矣。若遽改之,以没其实,安知果无未尽之意邪?"又《韩文考异序》曰:"欧阳公曰韩文印本初未必误,多为校雠者妄改。"原注:若《罗池碑》改"步"为"涉",《田氏庙碑》改"天明"为"玉明"。又东坡云:"见书不广,而以意改之,鲜不为人所笑。"又吴师道校注《战国策》序曰:"事莫大于存古,学莫甚于阙疑。夫子作《春秋》,仍夏五残文,汉儒校经,未尝去本字,示谨重也。古书字多假借,音亦相通,鲍直去本文径加改字,岂传疑存旧之意哉?又其所引之书止于《淮南》《后汉志》《说文》《集韵》,多摭彼书之见闻,不顾本字之当否,浅陋如是,其致误固宜。"按明人好妄改古书,最是浅陋,《日知录》一条论此最详。《四库提要》《太平御览》下一条论"阙疑犹愈于妄改",近人惩此而过,翻刻古书,明知其误,亦不肯改。卢抱经曰:"古书流传讹谬,自不能免,然果有依据,自当改正。"余按抱经一生精力毕瘁于校书,黄忍庐讽之曰:"读书以求益也,今书受君之益矣。"黄名登贤,崑圃先生子也。

又曰:"大抵古书之误,读者若能虚心静虑,徐以求之,则邂逅之间,或当偶得其实,顾乃安于苟且,狃于穿凿,牵于依据,仅得一说而据执之,便以为是,以故不能得其本真,而已误之中或复又误,此邢子才所以独有'日思误书'之适,又有'思之不能得,则便不劳读书'之对。虽若出于戏剧,然实天下之名言也。"

古今著书惟说经浩于烟海,盖其体尊,其义博,托之者皆有所藉,以取大名尔。顾昔人作传注以释经,今人托经以争传注,主张门户,入主出奴,舍心而任目,置经旨义理不问,淫词博辨,用愈多,马愈良,离楚愈远。如此而著书,名非不美也,学非不博也,究之圣人不享其意,即己亦不获治经之益,徒增故纸中一重公案耳。尹和靖曰:"经虽以诵说而传,亦以讲辨而陋。"此也。

班《志》云:"古之学者耕且养,三年而通一艺,玩经文而已。是故用日少而畜德多,三十而五经立也。后世经传既已乖离,博学者又不思多闻阙疑之义,而务碎义逃难,便辞巧说,破毁形体。说五字之文,至于二三万言。后进弥以驰逐,故幼童而守一艺,白首而后能言。安其所习,毁所不见,终以自蔽。此学者之大患也。"班氏在当日已云尔,况今又百倍之者哉?然而世之真儒，真为己，真有识，必无虑此。刘安节问程子：
"汉儒至有白首不能通一经者，何也？"曰："汉之经术止是以章句训诂为
事，且如解'尧典'至三万余言，是不知要也。自汉以来，惟有三人近儒
者气象，大毛公、董仲舒、扬雄。"

　　朱子《吕氏家塾读诗纪后序》云："兼综众说，巨细
不遗。挈领提纲，首尾该贯。既足以息夫同异之争，
而其述作之体，则虽融会通彻，浑然若出于一家之言，
而谦让退托，未尝敢有轻议前人之心。"

语录著书

宋儒以来以语录著书，因于释氏，俚而不文，世争讥之。《日知录》曰"孔门四科，后世五科，曰语录科。"又曰："讲学先生从语录入门者，多不善修辞。或乃反子贡之言以讥之曰：'夫子之言性与天道可得而闻也，夫子之文章不可得而闻也。'自嘉靖以后，人知语录之不文，于是王元美之《札记》，范介儒之《肤语》，上规子云，下法文中"云云。余按"言而无文，行之不远"，学者诚不可不知此义，然亦堕文士习见。夫观古人之书，但当论其言之精正可信与否，不当徒求之语句文辞之末迹也。今以王元美《札记》与《程子遗书》《朱子语类》相比，所益多少，不待贤哲能辨之矣。且程朱语录本非自著，乃门人弟子一时记其师之言，记者失真，固不能无病，《论语》之书即是如此，特圣人出言有章，一时记者又皆贤哲之徒，时又近古，此所以足为经也。要之，不可谓非语录也。顾氏曰："《论语》《孝经》，夫子之言也。"不特失考非事实，抑岂可便以圣人望之后人耶？康成谓撰定《论语》者仲弓、子夏等，胡致堂谓子思、檀弓皆纂修《论语》之人，程子谓成于有子、曾子之门人。致堂谓《孝经》非曾子所自为，乃问孝于仲尼，退而与门弟子言之，门弟子类而成书。晁子止据何休以为孔子自著。今首章曰"仲尼居，曾子侍"，则非孔子所著，当是曾子弟子所为书。冯氏曰："是书当成于子思之手。"朱子以为多后人所羼入。程、张之初，实见世之工文辞者于躬行无与，故以为虚车徒饰，玩心于末，非切己之学耳。不然，魏晋以降，文家岂少，何以至道不存也？顾氏此论亦逐末之见，殆见后来元明诸儒语录之多而可厌，因推原于始，并程朱而讥之，不觉其失言耳。夫苟其言不足取，虽法子云、王通，适见其可厌；苟其言真有用，语录何害乎？且顾氏此条即语录体也。

三代之书，词气递降，时代为之也。况在晚近，古训罕通，与其文之而人不晓，何如即所共喻而使之易晓乎？《日知录》既引《唐书·郑余庆传》称"余庆奏议类用古语，如仰给官马万蹄，有司不晓何等语，当时讥其不识时"。夫"万蹄"二字非深奥者，施之官文书，且以为不识时，况师弟讲学，而必取涩体文言，烦后人注疏笺释，何许子之不惮烦乎？著书本以明道垂教，诚使有益于圣人之道，有益于天下人心学术，不犹愈于矜一己之名，而独为君子乎？变语录者王元美，讥语录者杨用修，而此二人之书，其于世也，焉能为有亡乎？

明道文二十五篇，伊川文八卷，固皆载道之言，至周子《通书》、张子《西铭》、伊川《春秋》《易传》序，尤直与圣人词气相近。朱子之文法刘子政、曾子固，若其所著《易传》及《四子书集注》《诗集传》等书，训词尔雅，文皆可读，岂得仅诬为以语录著书而概以蔑之哉？近人仇视宋学，痛诋力排，不遗余力，而顾氏又为世所宗，其言偏宕激讦，不探本原，不与区别，轻浅如此，故不得不辨。一言以蔽之曰：语录诚不文，然当审别其所录之语为何如，不当论其迹也。若剿袭雷同，肤剩浅近，虽文之如子云，亦无取。若是言言心得，质之先圣而无疑，俟之后圣而不惑，虽谚何伤？要之，语录原非自著，但不可如明儒之习气可厌，故须略修其辞，去泰去甚，使不致过于俚俗可也。

纪氏云："天下之至易作者莫如语录，偶逢纸笔，即可成编。"此只讥其成书，若其语之浅深高下，精粗纯驳，或剿袭肤剩，或实有心得，有真儒出，一见即判，终不可剽窃伪为，则亦岂易作乎？且夫以语录为易，必以文章考证为难能足贵矣，岂知流敝之久，剿袭筐匣，同一"偶逢纸笔，即可成编"邪？著书当观其真有所得与否，不在择题也。

语录书本以明道，余少时喜读《近思录》，后始得《二程子遗书》《朱子语类》《象山文集》，次又得许鲁斋、薛文清书，皆言言心得，中边俱湿。及读《传习录》，则多疑而不敢信，然其机锋敏快，足以接引学者，启悟人心，几可并《孟子》，亦由得力于禅家作用也。《传习录》大旨固谬，然犹有心得处，足以启发人心，所以当日豪杰都被他煽动。至吕叔简语，亦朴实正当切于日用，然气象卑狭，浅陋大段，不免从人事上揣摩而得，非从经旨孔孟之道中来。大约少读书无根柢，于至理源头未彻，间有大议论，则谬。如云："汉儒无见于精，宋儒无见于大。"按宋儒所见，何尝不大？且不知新吾所指为大者何也。又曰："汉儒杂道，宋儒隘

道。学者若欲入道，且休著宋儒横其胸中。"夫道一而
已，程朱所发皆尧舜孔孟真传，大中至正，无外无内，
何以云隘？且新吾所见，将以何物为道？欲于明新至
善、格致诚正、修齐治平之外别觅一物谓之道邪？若
道不出于三纲领八条目及《中庸》之中，则所云隘者，
宋儒不知也。又曰："欲观宋儒，先观濂溪、明道。"无
论伊川、朱子与濂溪、明道之道无二，且不观伊川、朱
子，恐濂溪、明道之说，学者未易明也。是不过因濂
溪、明道之语高远宏阔，不区区于辨说，似若可以容人
打混，而不必精详绳检，为便于不知而作者耳。朱子曰：
"明道性宽大，规模广阔，邻于生知，难学，善学之则日进于高明，不善学
之则恐流于空荡。"又曰："明道说话超迈，不如伊川说得的确又亲切。"
然两先生皆百世师，在人善学也。新吾安得知此义？然须知学伊川正
是学明道，不可分优劣取舍同异，朱子论之详矣。陆清献曰："明道语有
与朱子绝不相同而不害其为道统相承者，以其本领处无不同也。"愚谓
圣人言道，殊途同归，惟其本领同，故同归。若如新吾所见，其本已异，
为不同归矣。又曰："明道在朱陆之间。"又曰："明道阴
得佛老受用。"又曰："曾子便属第二等。"又曰："宋儒
局促，便落迂腐。"凡如此等，直是胡说乱道，目翳邪
见，吾故曰新吾未闻道，都从揣摩而得，无真知也。近
代真儒止有张杨园、陆清献耳。杨园精粹中醇，前辈
实推为朱子后一人，薛胡似尚不逮，无论高顾陈湛矣。
嘉兴钱仪吉题杨园《寒风伫立图》赞云："邻清献而齿
加宿，杨园实启清献而气象更爽霁。师蕺山而道大醇。"此二
语实足尽杨园也。孝感彭大寿字松友，明季遗老，著《鲁冈问答》

四卷,精深醇正,贤于高顾山阴远矣,惜乎名位卑微,世无知之者,道光五年,凤阳太守云梦程怀璟实始刊行。又安丘刘源渌《直斋读书记》差可比鲁冈。又闽县孟超然瓶庵著《孟氏八录》,虽浅而正,无悖道处,其弟子陈寿祺为刊行。惟龙溪李威著《岭云轩琐记》四十一卷,其人资性高明,而猖狂无忌惮,其宗旨似焦竑而加甚,殆追温陵李贽之风者,谬妄害义,肆口乱道。此书若流传,贻害人心学术不小,所当摒绝者也。昔张杨园论《高子节要》曰:"传书与著书不同,著书本其人所得,瑕瑜高下,不能自掩。传书当以世教为心,苟其立言不可以法天下、传后世,则当为之深没其文,以毋滋惑世诬民之祸,则于作者既为爱之以德,而在吾亦不得罪于天下后世。"愚按此即孟氏放淫息邪之旨。杨园初师山阴,后悟其失,而不欲言之,亦尝微论其书不必尽传。又《朱子大全集》第五十八卷《答宋深之》曰:"五峰之书,《知言》为精,然其间亦不能无小小可议,故向来敬夫不欲甚广其传。"陆清献曰:"古人于师友之文,不欲轻为传布如此,何等慎重。"又曰"吾儒未定之书,轻易传出,此最宜戒。朱子于《渊源录》《孟子说》皆恨为后生传出,致此流布"云云。

说部著书

欧阳公《归田录序》曰:"《归田录》者,朝廷之遗事,史官所不记,与夫士大夫谈笑之余而可录者,录之以备闲居之览也。"又曰:"唐李肇《国史补序》云:'言报应,述神卜,近帷簿,悉去之。记事实,探物理,辨疑惑,示劝戒,采风俗,此即太史陈《诗》,《周官》形方、训方、象胥之职。子云《方言》本此。助谈笑,则书之。余所录大抵以肇为法,而小异于肇者,不书人恶,以为职非史官,而掩恶扬善,君子之志也。'"余按此说部书之凡例也。古人著书,立意及体裁必有所本。欧公此言,亦足为说部书法矣。然窃以为"助谈笑"一条亦宜去之。近世轻薄之徒,好专为此种书,猥鄙谑浪,作者观者恬不为怪,最足荡人心志,非止可厌而已。《史通·书事篇》云"《语林》《笑林》《世说》《俗说》皆喜载啁谑小辨,嗤鄙异闻,斯风一扇,国史多同"云云。夫作法于正,且流于鄙,况作法于鄙乎?盖说部书为子部杂家,或为史氏所采,即是著书立言之义,固不可苟。

大抵唐宋人说部书有关系重大,羽翼经史者,有记事可资见闻者,有议论可采者,有没紧要无用而可厌者,有大悖谬害义理学术者,有诬蔑乱道游谈无根足乱是非者,须分别观之。宋淳熙中,李大性撰《典故辨疑》,自序曰:"如梅尧臣《碧云騢》,非尧臣所撰,孔平仲《野史》、王禹偁《建隆遗事》、张师正《括异志》《倦游录》《志怪录》,皆非平仲、禹偁、师正所述。《涑水纪闻》虽出司马光,而多所增益。陈师道《谈丛》多所误鳌,以至王安石《日录》,蔡绦《国史后补》又皆不足取信。儒者俱尝言之,而未之深辨也。"梅曾亮曰:"方子之为是说,既盛美矣,曾亮请引伸其说曰:唐以前人品之邪正,政事之是非,较然分明,未有一人之一身而乍贤乍佞者也。唐以后朋党倾轧,明以后师弟相救援,各有私说,传为裨官,而爱憎胜,名实淆矣。其人大都身居贵游,号习掌故,草野之士或难辨其伪真而究之。为此书者,皆党同伐异,不学无术之人也。唐之牛李,宋之绍述,明之数大案,读史者于正人君子俱不能无遗憾焉。虽完人实难,亦邪说乱真,有中于人之先入者矣。近人续《通鉴》者恕王钦若而贬寇莱公,此信异说好博闻之过也。"又曰:"唐人重科第,一时文士著书多以先辈行卷师生衣钵为美谈,一第之得失,有死生以之者,岂必其情事之实,然亦冒得者之自为夸毗而已,然庸鄙之说遂锢溺于人心,以至于《北梦琐言》《文昌杂录》《唐摭言》等书,其人皆当戎马倥偬、国祚颠沛之时,而沾沾于人士之一第,岂非廉耻道息而为无学识之尤者哉?无识之人,言安足信?为史者或取而录之,其是非之倒置宜矣。"[1]

　　著书为文,好承用古字句,此最为陋恶。裴松之尝以讥孙盛矣。岳柯《桯史》记安庆张寇事,用"入自北门,至于逵路",殊可笑。岳自记所以纠辛稼轩者甚有见,何自又犯之?又《愧郯录》引《符子》太公跪钓隐崖,其膝所著处石皆若臼,以证古人跪坐,此岂可信?钓是暂事,岂与管幼安居处木榻同哉?信诞说则愚妄矣。

---

① "又曰"以下云云,据文学山房本补。

杨用修《丹铅录》，世人颇喜称引之，要其纰缪不根者甚害事，负高名而倡游言，则其流之害甚远，君子当严辨之。

明解缙言于仁宗曰"陛下好观《说苑》及《韵府》杂书。《说苑》乃刘向所作，多战国纵横之说；《韵府》，元阴时夫所为，猥鄙细儒，钞辑芜陋，言无可采"云云。康熙四十三年，武英殿开局修《佩文韵府》。上谕《韵府群玉》《五车韵瑞》《韵学大成》皆极陋之书，其所以陋之故有二：或穷生下士，老而不遇，思赖著述以垂名后世，然家乏藏书，交鲜硕彦，故挂漏讹舛，不能自正，一陋；或荐绅大夫，投老山林，多招宾客，撒拾群言，取材既蹐驳不精，成书又未经主人之目，草率上板，遗误后人，二陋也。今务去此二陋，自成一书，名曰《佩文韵府》，传之久远。按缙此论卓有高识，非特观书之诫，尤著书者之明诲也。吾观《说苑》《新序》《吕览》《淮南》《晏子》《家语》，其信者有几？孟子且疑《武成》，孟子亦断章取义，《集注》已详辨之。况后世驳杂之书乎？而郭景纯《山海经序》独以为无不可信者，非也。干宝《搜神记序》其论差允，达观博识之士节取焉可也。太史公言"《山海经》《禹本纪》所言怪物，余不敢言之"，其识胜景纯远矣。

沈冰壶山阴人，名清玉，沿毛西河之派攻朱子者。卢抱经先生言尝微谏之，沈大笑而起，殆与钱民等同为妄人者也。称王充《论衡》为欲藉诸子以证经之误，为识在董仲舒上，可谓谬妄。《论衡》之悖谬，前人论之详矣，见《史通》《困学纪闻》及朱彝尊《曝书亭集》。

近世汉学考证家好引杂说以证经，辄言其时去古未远，或其人相及，其地相近，执此以为确据，而不知事之有无当断之以理，不在年代之近远，人地之亲疏。世固有子孙言其父祖，弟子言其先师，错谬失实者多矣，安在时、地、人相近而即可信乎？如《困学纪闻》论《说苑》《新序》之牴牾不一而足，《史记·赵世家》屠岸贾事，《伯夷传》扣马谏武王事，皆与伊尹负鼎、百里奚食牛、瞽瞍朝舜、太甲杀伊尹、卫武公弑兄、舜囚尧等说同为野人之语。《盐铁论》称子贡与臧文仲同时，《列子》称随会与赵文子同时，又称孔子闻赵襄子之言，宋叶大庆《孝古质疑》考白公之乱，晏子死已二十二年矣，是知《墨子》所称晏子、景公问答为凿空造谤。孟瓶庵云"昭公七年季孙宿卒，《家语》曾晳少孔子十一岁，孔子生襄公二十一年，则晳生于三十二年，时方八九岁，安有季武子死，倚其门而歌之事"云云。甚者如何焯言王文恪记宣宗为惠宗之子者，安在时代近即可信也。

日本人山井鼎作《七经孟子考文》，在康熙九年，而王文简《古夫于亭杂录》称"日本人重儒书，十三经而下无所不有，独无《孟子》，中国人有私携过海者，辄有风涛蛟龙覆舟之患"云。文简以康熙五十年卒，或未见山井鼎之书，然传闻实妄。若据时代，岂不牴牾？且九经刊板于五代，已有《孟子》，十三经之数始于明，而云"有十三经，无《孟子》"，文简经术之疏如此。

王厚斋《困学纪闻》宏富该博，何氏讥其不脱鸿博习气者，亦或有然，不如顾亭林《日知录》发明经史大义，体大思精，隐然有作用，安排国计民生人心风俗，可以坐而言，起而行。亭林自言"上篇经术，中篇治道，下篇博闻。有王者起，将以见诸行事，以跻斯世于治"。然按其说，亦有必不能行，有行之必不能无弊者，存大体可也。近钱氏《养新录》，其精或过于顾氏，而体段规模不逮远矣，但考史精耳。此类不可枚举，略论及之。《困学纪闻》中尽有微言眇论，如蜡宾之叹、矍相之射等数十条，皆有关至教，未可遽轻，特不如世士之但惊其博闻耳。

孙北海《消夏录序》自言其"注《易》"云云，甚可笑。流俗无识者众，附益高名，渐染恶薄，祖述名士风流，破坏昔贤读书成法，李穆堂与陈彦瑜一书与此同。不可不辨。况注《易》尤极深研几之学，孔子韦编三绝，邵子三年不炉不扇，历观古人为学，无不要于沉潜精专，未有作为消遣清兴，鲁莽灭裂如彼者也。朱子所谓浮华之习，徇名饰外，其弊乃至于此。后读《范史·延笃传》，乃知退谷此序文势机局全取于此。然延笃自是佳人，此段要不可为法。如笃之敏固有过人之质，然其习气实开夸诩，亦本于东方曼倩也。愚后见卢抱经跋桂未谷所藏何义门评《庚子消夏录》云："余后至都门，于黄崑圃先生处见退谷改定本，于卷首所云随意读陶韦李杜诗及韩欧曾王文者，易之以宋儒之书，其大指可知也。近年又从杨文定公处见一本，与黄氏本略同。"余按观退谷所改，义门所记，与鄙见暗合，然退谷以为门面取名耳，非但不能读宋儒书，亦并不能读陶韦韩欧也。盖以其浮虚失读书之法，非谓陶韦韩欧不可读也。其改之之意同一失而再取名矣。

　　孟瓶庵云："小说无稽之谈，览者不过谓之子虚乌有。然如牛僧儒《周秦行记》云见薄太后、王昭君、杨太真，太真，唐之贵妃，僧儒，本朝臣子，何得作此语？《云溪友议》载李群玉遇舜二妃，敢于古帝后为亵慢之语。"东树近见粤中有所谓"明南园五先生诗社"者，其中孙某诗中有述遇见朝云事，此独不为东坡地乎？尚得谓之诗人乎？政与李群玉同失。顾亭林《日知录》有一条论太白星有妻事，司风化者不可不知。宋田况邛州琴台诗云："西汉文章世所知，相如宏丽冠当时。世人不读陵云赋，只说琴台是故基。"与《友议》载谭铢真娘墓诗"何事世人偏好色，真娘墓上独题诗"意同。

著书凡例

凡著书欲先定凡例，凡例既定，其书乃有条理可观，虽商榷长短存乎其人，以视伧俗妄作陋恶不辨体裁者有异矣。

著书大例在先，细例在后，如六经各说一般理，各为一般体裁。读《易》者如无《诗》，读《书》者如无《春秋》，而《尚书》《春秋》后人祖之为史，此大例也。而《易》有二用，《书》有八体，按《疏》，《书》有十例。《诗》分六义，《礼》别事官，此细例也。

《易》《书》《诗》《春秋》《周》《仪》二《礼》《尔雅》《老子》屈原佛经皆创体，而《论》《孟》《左》《公》《穀》《曲礼》为文章创体，后人无能为创，有所著，皆述古也。而于著述大体中各为其细例，以行于书中，取有所据，依以成书，则随时而变者也。

律生于礼，盖是事物当然之用，例亦犹是也，可以义起，而后人著书，必云用某家某书例，依于古人，述而不作，取尔雅也。《日知录》曰："古人著书，凡例即随事载之书中。《左传》中言凡者，皆凡例也。《易》乾、坤二卦用九、用六者，亦凡例也。"然传注家所著凡例亦单行，如《易略例》《春秋释例》《纂例》等。《困学纪闻》曰："《释例》终篇云称凡者五十，《隋志》有《春秋五十凡义疏》二卷。"朱彝尊《涪陵崔氏春秋本例序》所引凡三十四家，而他经及史家子集诸例不与焉。

传注之家尤严于用例，如左、公、穀、何休、王弼、虞翻、杜预等，皆先立一例，却将经传牵合，以就吾说，而本旨反为其蔽蚀不可见。疏家又执其一例，而牵合经传以曲附证成之，谓之疏不破注，故宁失孔子之经而不敢失传注之例，于是但见有例而本书转亡矣。

疏家之体主于诠注，依文阐义，不得有所出入，其墨守专门固通例也。皇侃《礼疏》或乖郑义，孔冲远斥为"狐死不首其丘，叶落不归其根"。刘炫规杜，孔氏斥为"习杜义而攻杜氏，犹蠹生于木而还食其木，非其理也"。然康成笺《诗》，多异《毛传》，则守疏不破注者沿经师之陋也。或谓："郑非疏毛，故不与后来疏体同例。"余按如《六艺论》及吕忱所说云云，岂非疏体乎？杨士勋《穀梁疏》多违范宁，亦其例也。《毛诗正义》引《六艺论》云："注《诗》，宗毛为主。毛义若隐略，则更表明。如有不同，则下己意。"按郑言如此，则守疏不破注之说，孔贾之陋也。然《诗》"折柳樊圃"，《正义》论漏刻云："马融言昼漏六十，夜漏四十，减昼以裨夜矣。郑意谓其未尽，又减五刻以增之，是郑之妄说耳。漏刻之数见在史官，古今历者莫不符合，郑君独有此异，不可强为之辞。"愚按此殆六朝人旧说，冲远删之不尽者，非孔之辞也。

夫所谓例者，生于义也，如《春秋》大义数十，皆旧典。礼经即此是例，故曰义例。若例立而义违，则是狱吏之舞文而已。何邵公、杜元凯之治传，唐啖、赵陆氏之治经，皆各治其私例而已。此宋人所以欲废例也。何胤曰："《檀弓》两卷，皆言物始，何必有例？"此意又别。

唐修《晋书》，敬播、令狐德棻之徒先定例，例既定，凡秉笔者遵用之，其取舍详略必使后人皆有考。

《南齐书》有序录一篇，刘知幾云："沈宋之志序，萧齐之序录，虽以序为名，其实例也。"今萧序录不见。

《后魏》《北齐》皆有例，刘知幾云："收全取蔚宗，贪天之功以为己有。又引李百药《齐书》例。"

吴缜论修书八失，三曰初无义例。按缜《新唐书纠谬》条例最精，又王劭论沈约一条。

《隋书·魏澹传》述澹所著《魏书条例》一卷，详密足传于后，以为非惟高于魏收、平绘，直是向来作史者未及，后来作史者不可不知。惜其全书不传，不得与魏收《魏书·例》并著。

刘子玄《史通·序例篇》云"史之有例，犹国之有法。例之为体，自《左传》后中绝，自干宝《凡例》起，而后人承之。虽短长各见，要皆自出条理。惟魏收作例，全掠蔚宗"云云。按子玄《条例》以为艺文可除，必不得已，亦只录当代所著。郑樵非之，作《通志略》，立《校雠》一门，以为编书必记其亡缺，自唐人不记亡书，使群书易亡而难求信。然《明史》止载一代之著，用子玄之言也。杜氏《通典》亦无艺文。卢抱经、钱莘楣皆有补宋辽金元四史艺文志，卢自序曰："《宋史》本有艺文志，咸淳以来尚多缺佚，至《辽》《金》《元》三史，并不志艺文。康熙间议修《明史》，时史官欲仿《隋书》兼五代史志之例而为之补者，余得其底稿，乃上元倪灿暗公所纂辑也。今俗间有黄俞邰《千顷堂书目》，搜采虽富，而体例似不及倪本之正，近则书目又为坊贾棼乱，更无足观。今略为订正传之，以补四代史志之缺。宋有志而补之，辽金元无志，故今各自为编。"钱序未录。

《日知录》中所论书史数十事，皆著书之凡例大义，学者不可不知。今略举其目，如曰《古人集中无冗复》，曰《书不当两序》，曰《古人不为人立传》，曰《志状不可妄作》，曰《假说之辞》，曰《古人未正之隐》，曰《非三公不得称公》，称府君及君。按《郑玄传》："孔融言郑君好学，实怀明德。昔太史公、廷尉吴公、谒者仆射邓公，皆汉之名臣，又南山四皓有园公、夏黄公，潜光隐耀，世嘉其高，皆悉称公。然则公者仁德之正号，不必三事大夫也。今郑君乡宜曰郑公乡。"《史记·河渠书》"赵中大夫白公"注"此时无公爵，盖相呼尊老之称"。又汉《故民吴仲山碑》"吴公见《隶释》"。又《朱子语类》"无爵曰府君、夫人，汉人碑已有之，止是尊神之词"。曰《史家追纪日月之法》，曰《史家月日不必顺序》，曰《豫书甲子不称年号》，曰《金石文书有月而不年日而不月》，曰《史家重书日》，曰《古人必以日月系年》，曰《年月朔日子》，曰《年号当从实书》，曰《一年两号》，曰《年号古今不同》，曰《割并年号》，人名地名。曰《追改史文书法》，孙氏《西斋录》。曰《通鉴书改元》，曰《书后元年》，曰《通鉴书闰月》，曰《史书人君未即位》，曰《史书一人先后历官》，曰《史书郡县同名》，曰《郡国改名》，曰《史书人同姓名》，曰《书文称某》，曰《述古人之言》，曰《引古必用原文》，曰《引书用意》，曰《引书下两曰字》，曰《一篇之中有分题》，余按注疏家订小题在上，大题在下，见诸经序例。曰《官衔地名人名当从实书》，文人求古之病。曰《文章繁简之法》，曰《文人摹仿之病》，曰《诗题无义》，曰《经注俱用韵》，曰《古人用韵无过十字》，曰《古人不忌重韵》，曰《古人不用长句成篇》，曰《诗用叠字》，曰《次韵》，曰《诗人改古事》，曰《窃书》，曰《勘书》，曰《改书》，曰《史文衍字》，曰《史文重出》，曰《史家误承旧文》，皆著书为文凡例大义也。

《毛诗正义》：汉初'为传训者皆与经别行，三传之文不与经连，故石经书《公羊传》皆无经。《艺文志》云：《毛诗》经二十九卷，《故训传》三十卷，是毛为训故，亦与经别也。及马融为《周礼》之注，乃云："欲省学者两读，故具载本文。"然则后汉以来始就经为注，未审此《诗》引经附传是谁为之。其郑之笺当在经传之下矣。其《毛诗》经二十九卷不知并何卷也。又《三国志·三少帝纪》高贵乡公问淳于俊，郑玄以彖、象合传云云。

《通考》《春秋经》下云："杜序以为分经之年，与传之年相附，则是左氏作传之时，经文本自为一书，至元凯始以左氏传附之经文各年之下。"姚姜坞先生曰："何止丘明，公谷毛韩之传莫不皆同。"

《汉书》注本单行，东晋蔡谟始合之，见师古《叙例》。

古诸经传说注疏及《经典释文》《史记索隐》等，均于原书之外别本单行，自费直、王弼、杜预、宋衷、范望始取而散附经文，世遂不复见古人原本，前人皆诋惜之。愚谓如《尔雅》之作，本以释《诗》《书》，以其单行，遂启后人多少疑窦盲论，又不如散附当文之下，使学者易了也。朱子《韩文考异》

亦于全集之外别行，宋末，王伯大始合之，此类甚多。

　　世所传宋以前书可考见古籍佚文者，仅八九种，曰裴松之《三国志注》、郦道元《水经注》、刘孝标《世说新语注》、李善《文选注》、欧阳询《艺文类聚》、徐坚《初学记》、释玄应[①]《一切经音义》、魏徵等《群书治要》、此书久佚，近传自日本。阮芸台宫保得之，始以进呈内府，并为作提要。《太平御览》。凡所引书，皆载全文，可资检阅。郭忠恕《汗简》所援据，自古文《尚书》以下凡七十一家，多今世未见者。见《香祖笔记》。若《锦绣万花谷》等，虽收古人著作，而删摘不完，最为陋俗。

　　陈氏《书录解题》论宋玉、枚乘、董仲舒、刘向、扬雄五家集曰："古本多已不存，好事者于史传及类书中钞录，以备一家之作，充藏书之数而已。"胡应麟言《博物志》《搜神记》亦然。按古今后出异书多从古书中录出，非当时传本。近时如《尚书后案》之辑郑注，《郑驳五经异义》及《十六国春秋》等皆是。

　　先儒释经之书，或曰传，或曰笺，或曰解诂，或曰辞，曰学，曰通，曰畅，曰隐，今通谓之注。其后辨释之书名曰正义，《旧唐书·儒学传》云云。今通谓之疏。夏侯胜著《尚书》《论语说》，师古曰："若今义疏也。"孔奋子嘉作《春秋说》，章怀注曰："说，犹今之疏。"按《檀弓》"既卒哭，宰夫执木铎以命于宫"，注引《易说》，孔疏：凡郑云说者，皆纬候

[①]　"玄应"，原作"应玄"，径改。

也。《郑志》答张逸问"《礼》注曰《书说》,《书说》何书也",答曰:"《尚书》纬也。"当作注时在文网中,嫌引秘书,故诸所引图谶皆谓之说。此与胜、奋名说异。**记见《仪礼》疏**,《仪礼》"记冠"义疏曰:"凡言记,皆是记经不备,兼记经外远古之言。《丧服记》在子夏之前,孔子时定未知谁所录。《考工记》六国时人所录,此记则在秦汉之际,儒者所加。"**传见《书》疏**,《尚书》孔传《正义》曰:"传,即注也,以传述为义。旧说汉以前称传。"**笺见《诗》疏**,《毛诗》郑氏笺《正义》引《字林》:"郑以毛学审备,遵畅厥旨,所以表明毛意,记识其事,故特称曰笺。"《说文》:"笺,表识书也。"**注见《左传》《仪礼》疏**,杜氏注《正义》毛诗序疏:"注,著也。言为之解说,使其义著明也。"《士冠礼》疏:"言注意于经下,若水之注物,亦名为著。"郑序云:"著者,取著明经义者也。孔子之徒言传者,取传述之义。"按"注"古本从"水"不从"言"。《说文·水部》有"注"字,《言部》无"註"字。《玉篇》有"註"字,曰"疏也,解也"。陆《释文·左传》序云:"注字或作註。"毛斧季曰:"旧南本皆从言,北本俱从水。"**赞见《书》疏,序见《诗》疏**,《书》疏引《毛传》曰:"序者,绪也。"使理相续,若茧之抽绪。郑氏谓之赞者,以序不分散,避其序之名。赞者,佐也,明也。佐成序义,明以注解也。**志见《汉书》**。师古注《律历志》曰:"志,记也。积记其事也。"《左传》曰:"于志有之。"

著书不言名称氏,《毛氏故训传》《正义》曰:"汉承灭学之后,典籍出于人间,各专门命氏,以显其家之学,故为传训者皆云氏不言名。"《左传》杜氏注《正义》曰:"注述之人义在谦退,不欲自言其名。"刘炫又谓"不敢布于天下,但欲传之私族,自题其氏,为谦之词"。

著书不避家讳,周公作诗,不讳昌发,昔人已言之。愚考孟子父名激,而曰"激而在山";孔子作《春秋》，书臧纥。《檀弓》记"言徵不称在"，此望文生义耳。除圣母讳，天下安有"徵在"二字连文者乎？惟六朝人最重家讳，然王右军辈亦止缺笔。裴松之云："曹真父名劭，而真封劭陵侯。"《江统传》："故事，父祖与官职同名，皆得改选。"柳宗元以祖名察躬，而辞监察御史。《五代史》崔居俭以祖讳蠡，不肯为礼仪使。朱子作李椿墓志，言椿曾祖名安，辞江南西路安抚使。阎百诗言明臣如陈文、王文皆例应谥文，以名文遂不得谥文。李贺父名晋肃，时人讥贺不应举进士。太史公改谈为同。任昉家集遂称君撰。明韩邦靖《朝邑志》称家讳曰韩家君名，似不辞矣。苏明允父名序，改送人序曰引，此可改者也。司马温公父名池，改称韩持国曰秉国。五代杨彦朗以己家讳改石昂姓曰右昂，恚解官归。《齐东野语》卷四有一条所说最详，是皆退之所云求胜于周公、孔子者也。朱彝尊《曝书亭集》有一文诋伊川不避濂溪讳。按二程虽问学于周子，而其后所得所发明实不尽囿于一师之教，盖如孟子之于曾思而已。以道统言之，在师友之间，故与孔孟程朱之门人终身习其师者不同。周子生真宗天禧元年丁巳，卒神宗熙宁六年癸丑，年五十七。伊川生明道二年癸酉，卒大观元年丁亥，年七十五。自天禧至治平甲辰改元，周子年四十八，伊川年三十三，伊川名在前，濂溪改名在后，非伊川不避濂溪，且君子已孤不更名，伊川之名受于大中公，岂有至三十三岁而忽改名以避其同学师友者乎？小人之诬君子，往往以莫须有之事定谳，历考汉学考证家之螫程朱，捕风吷影，皆若此类。彝尊固不足知义理，然实称考证之宗，非漫不见书者，而谬悠如此，其设心但以傅成其罪为快而已，李大性所谓诛绝之罪也。范蔚宗改郑太、郭太。

著书文字有当跳行另起处。跳行见左昭二十五年会于夷仪傅疏。傅武仲《舞赋》"夫何皎皎之闲夜兮"，张茂先《鹪鹩赋》"何造化之多端"，何义门皆乙之，曰另起以别前序耳。

著书行文挟句诗，忘篇记检。正义云：诗有挟句，言子而及孙，言富而及贵。愚按如孔子言筮而及卜，《周礼》司巫，郑司农注引巫而及尪。

《水经注》注中有注，用小字夹写，汲古《三国志》注亦间如此。

著书引古，《日知录》云"凡述古人之言，必当引其立言之人。古人又述古人，则两引之，不可袭为己说"云云。如云凡引前人之言，必用原文，因引《水经注》引盛弘之《荆州记》云云；如云引书用意，《书·泰誓》"受有亿兆，夷人离心离德；予有乱臣十人，同心同德"，《左传》引之，则曰"《泰誓》所谓'商兆民离，周十人同'"云云。按此条《丹铅录》引陈骙所说更详备，在第十二卷之末，可合看。窃谓古人引书用其意而约略其词，以各撰一种文笔也。《孟子》《左传》《史记》《庄子》周秦诸子皆然，后人浅陋，著书引古人之书，或记

旧文不全，妄以臆见改窜，凿空杜撰，纰缪陋妄，最足
贻误后人。《困学纪闻》言："太平兴国中校《汉书》，安德裕取《西域
传》山川名号字之古者，改附近人集语。钱熙谓人曰：'予于此书特经师
授，皆有训说，岂可胸臆涂窜。'"故今当严其例，必全引用原
文。按《四库提要》称李涪《刊误》《演繁露》所引诸书
必著明某篇某卷，令观者易于检校。陈厚耀等仿之，
足以矫明人杜撰之弊。姚之骃《后汉书补遗》不著所
出之书，使读者无从考证。余萧客《古经解钩沉》一一
各著其所出之书，并仿《资暇集》《龙龛手鉴》之例，兼
著其书之卷第，以示有征。然《资暇集》实未尝著其
卷第。

　　乡先辈姚姜坞先生曰："大凡文字援据，虽有详
略，然必具见端末。"愚谓作文作诗叙事亦然，如渊明
《桃花源》、康乐《述祖德》，此后惟杜韩有之。小才之
人，思浅笔懦，非缺漏寻其意脉不可了，便成冗长繁
絮，平钝无法。

　　近虞山钱氏注《杜》，略例所举注家错缪数端，一
曰伪托古人，一曰伪造故事，一曰傅会前史，一曰伪撰
人名，一曰改窜古书，一曰颠倒事实，一曰错乱地理，
皆至陋可笑者。按如唐刘崇龟，见《新旧唐书·刘崇望刘会政传》，
而周亮工引，称见《宋史》本传。

　　郑夹漈讥编书之家多是苟且，有见名不见书者，
有看前不看后者。马贵与称其足以究其所失之源。

　　凡注是书，必引是书以前之书，而引书又须引最

初之书，又须知所引之书有足据信与不足据信，加辨订以正后人。

《四库提要》斥元张存中《四书通证》于历代史事每置正史而引《通鉴》，亦非根本之学。吴师道斥鲍彪《战国策注》曰："史注自裴、徐氏外，《索隐》《正义》皆不之引，而《通鉴》诸书亦莫考。"

自注其书，而嫌于以己称名，托为他人，始于欧《五代史》。余谓此不如学温公《通鉴》作《考异》、朱子《四书集注》作《或问》，以发未尽之意，明所以去取之故，犹愈于开作伪之风，使后人援为口实。

卢抱经曰："六朝阴何及唐人韦苏州、刘随州等集，凡他人元倡皆置在前，和章在后，俱与本集平写，不低格。至明代以来，刻唐四杰、杜少陵集，不分原倡和章，尽置本人诗后，又低一字以别之。近来名公刻集皆依此例，不知有古法矣。"

校书之校改从挍，乃避明熹宗讳，汲古阁本皆然。

意断为章，语断为句。章句之学，起于汉儒。句者，局也。联字分疆，所以为言。章者，明也。积句成章，所以明情。愚按赵歧所以作《孟子章指》也。

古无套板之法，不能作二色也。《政和本草》称《神农本经》用朱书，皆作阴文。方崧卿《韩集举正》其改字用朱书者刻作阴文，衍去之字用圆围，增入之字用方围，颠倒之字以墨线曲折乙之。

校雠者，两本相对，覆校如雠，大约如司马迁、向、歆、扬雄、班固之俦，始克胜校书之任。昔人言："观天下书未遍，不得妄下雌黄。"郑夹漈《通志》特立《校雠》一门，学者不可不亟知其义，轻易当此，犯不韪而见鄙通识也。大约昔之任校雠者，如刘向、曾巩，不过有所编定论次，今则兼须辨别板本缮刻之异同得失，固非浅闻末学所及也。

附论文人 文家亦立言之事，故附著之

文章与著书相等而不同。文士以修词为美，著书以立意为宗。古人有言："文士如漆，虽无质干，而光泽可爱。"吾以为文士如凤麐，虽不常见，而于世无损，亦惟世盛而始见之。后见欧公诗意与余同，曰："二物非能致太平，须时太平然后生。"何义门云："名士如珠玉象犀，初无用而不可少。"此亦如谢玄"芝兰玉树"之意耳。

唐刘晓上疏言："礼部取士，专用文章为甲乙，故天下之士皆舍德行而趋文艺，有朝登科甲而夕陷刑辟者。虽日诵万言，何关理体；文成七步，未足化人。"按此与裴行俭论四杰意同为不刊之论。

武后尝问狄仁杰："朕欲得一佳士用之，谁可者？"对曰："陛下求文章资历，今宰相李峤、苏味道足矣，岂文士龌龊，不足与成天下务耶？"后曰："然。"嗟乎！世之为文士者，毋为武后及梁公所贱而可哉！

《困学纪闻》曰："《文苑传》自东汉始，而文始卑矣。"

杨慈湖言："文士文止可谓之巧言。"

梁简文帝戒子曰："立身之道与文章异。立身先须谨重，文章且须放荡。"王厚斋非之，曰："文士之行，于文可见。放荡其文，岂能谨重其行乎？"李于鳞《论文》曰："视古修词，宁失诸理。"孟瓶庵非之，曰："夫理失则词何用修？以此提唱天下士，可乎？"

　　张文潜诲人作文，以理为主，曰："学文之端急于明理，无见于理，而欲以言语句读为奇，反覆咀嚼，卒亦无用，文之陋也。"

　　陈祖仁《战国策校注序》曰："古之君子，其居家也本诸身，其居官也本诸家，其诲人也本诸己，其安时也本诸天，文其余也。"

　　《日知录》曰："唐宋以下，何文人之多也！固有不识经术，不通古今，而自命为文人者矣。"余谓文人犹可，最可骇者今之著书家，有不读三史五经，不能属文，而自命为著书者矣。大抵多以《说文》小学为逋逃渊薮也。古人谓三史，《史记》《汉书》《东观汉记》也。自唐贞观以来，《东观记》失传，乃以范史当之。或又并《三国志》称四史。

　　又曰："宋刘挚之教子孙，每曰：'士当以器识为先，一号为文人，无足观矣。'然则以文人名于世，乌足重哉？"

　　又曰："黄鲁直言：'数十年来，先生君子但用文章提奖后生，故华而不实。'"树谓数十年来大人先生惟以汉学鼓唱海内，学者不务明理，惟以名物训诂新奇著书。考其行身，谨重者固不乏，而放滥者亦不少。惟其尚驳杂而不尚行，根柢亡也。

　　又曰："《元史》姚燧以文就正许衡，衡戒之云云，以为：'文章固发闻士子之利器，然先有能一世之名，将何以应人之见役者哉？非其人而与之，与非其人而拒之，均罪也，非周身斯世之道也。'吾观前代，马融惩于邓氏,不敢复违忤势家,遂为梁冀草奏李固,又作《大将军西第颂》,以此颇为正直所羞。徐广立议,致敬会稽王世子元显,常以为愧恨。按袁宏作桓玄九锡文,亦同此。① 陆游晚年再出,为韩侂胄撰《南园》《阅古泉记》,见讥清议,朱文公尝言'其能太高,迹太近,恐为有力者所牵挽,不得全其晚节',是皆非其人而与之者也。夫祸患之来,轻于耻辱。必不得已,与其与也,不如拒之。至于俭德含章,其用有先乎此者,则又贵知微之君子矣。"

又谓:"少年未达,投知求见之文,亦不可轻作。"因摘韩退之《上京兆尹李实书》与后所为《顺宗实录》云云,迥若两人,岂非少年投知求见之文不自觉其失言者邪?后之君子,可以为戒。又云:"《宋史》欧阳永叔与学者言,未尝及文章,惟谈政事。谓文章止于润身,政事可以及物。"

又论古人文章推服古人,因引韩公《滕王阁记》推三王,李太白《黄鹤楼诗》推崔颢。洪迈从孙倬丞宣城,自作题名记,迈告之曰:"他文尚可随力工拙下笔,如此记,岂宜犯不韙哉?"迈意盖以韩公有《蓝田县丞壁记》故也。夫以题目之同于韩公而以为犯不韙,昔人之谨慎何如哉!

虞文靖曰:"昔子程子没,叔子为行状;张子没,吕

---

① 按此为东树按语。

与叔为行状。表伯子者,文潞公也;表张子者,吕门下也。是皆国之大臣,一言以定国是,非常人之词言。吕公之言曰:不敢让知,知则不敢让,知有所未尽,安得不让乎? 朱子作延平行状,而墓铭未闻。黄直卿、李方子作朱子行状年谱,而墓铭未见,岂非门人之言足以尽其师之道,可传信于后世而无待于他人之言乎?"

昔人为文,见胜己者,即辍笔焚草,非惟虚心服善,要是识真。今人不然,既不辨人之所至,而以必出于己为心,此徒见短耳,是为妄庸。

唐崔元晖少颇属词,晚以非己所长,不复构思,惟专意经术。古人虚中有节如此。今人皆强己以所不能,好用其短,而复抵死自以为长,时无识真,彼己相蒙,或友朋推誉,假以羽毛,至死不悟,殆无异于盲人骑瞎马也。如刘梦得自矜其文笔匹于柳子厚。近人阎征君百诗经学考证当时号称无匹,而诗文则甚拙,非其所长,而徐乾学、李天馥每诗文成,必属裁定,谓诗文不经百诗勘定,未可轻以示人,是两失之也。故曰"时誉喧喧,亦宜鉴其滥吹也"。

凡著书及为文,古人已言之,则我不可再说;人人能言之,则我不屑雷同。必发一种精意,为前人所未发,时人所未解;必撰一番新辞,为前人所未道,时人所不能。故曰"惟古于词必己出",而又实从古人之文神明变化而出,不同杜撰,故曰"领略古法生新奇"。

若人云亦云,何赖于我。至若野狐外道,荡灭典则,欺诬后生,脱空乱道,妄自尊大。当其生存,意气之盛,亦擅盛名,然转眼湮灭,终归泯泯,所谓"焉能为有,焉能为亡"者。凡此皆文家旨义,非利病之说也。

程子曰:"言贵简。言愈多,未必明。"杜元凯云:"言高则旨远,词约则意微。"大率欲含蓄而有余意,所谓"书不尽言,言不尽意"。

李方叔《师友读书记》曰:"《史记》其意深远,则其言愈缓;其事繁碎,则其言愈简。此《诗》《春秋》之义也。"赵岐称孟子长于譬喻,词不迫切,而意已独至。

皇甫湜《与李生书》云:"近风教偷薄,进士尤甚,争相虚张,以相高自谩。诗未有刘长卿一句,已呼阮籍作老兵;笔语未有骆宾王一字,已骂宋玉为罪人。字未识偏旁,高谈稷、契;读书未知句读,下视服、郑。此时之大病,所当疾者。"

文人相轻,自古而然。曹子桓、颜黄门言之详矣。孟瓶庵云:"方望溪薄熙甫言非有物,朱梅崖又薄望溪为以其时文变调。愚谓此等是非,虽曰'然于然,不然于不然',亦未可比于朝三暮四,以天钧休之者,要待世有真知,必能辨之。"天钧,和是非两行也。憨山大师解曰:"未达大道,以己见求一,而不知其本来大同,则与狙无异,名实未乖而喜怒为用。"愚按憨山此语,等闲小儒不能见。韩公云:"籍、湜辈虽屡经指授,未知能不畔去否?"此为经有师承而信道不笃者下一棒喝。佛家言:"智过于师,乃堪传法;智与师齐,减师半德。"则学一先生之言与法,法何曾法者,其消息甚微,故曰"能者得之"。余尝作诗云:"当年我亦轻神秀,智过于师只未能。莫倚诸方尽惊倒,上堂仍误野狐僧。"然信师者不知变,固堕野狐;离法者作聪明,更亦堕野狐。则皆不得为智。称意与惭,寸心自知。千载下亦必有知之者。

张杨园曰:"唐史臣请集太宗文章,太宗不许,曰:'人主患无德政,文章何为?'斯言不独帝王,自士大夫皆当知。自汉以后,人率以文章为不朽之事,至于近日,斯风尤甚。人不耻无行,而耻无文。初学后生,辄作文集,以夸于人。究其所为,何文之有?何章之有?廉耻道丧,莫此为甚。"

有洪某者喜刻《唐荆川文集》,请叙于王遵岩,荆川答王书有曰"居常以刻文字为无廉耻"之一节。又曰:"屠沽细人有一碗饭吃,死后必有一篇墓志,其达官贵人稍有名目,死后必有一部诗文集,卒皆不久泯灭,然其往者虽灭,在者尚满屋也。宜举祖龙手段,作用一番耳。"按荆川此论有数处,盖雅言也。古人为文,用意之深,用法之密,世之览者不能知,而好妄訾之,千古一辙。欧阳公至为文自疏,要之可以不必,瞽者无以与于日月之明,亦何益矣!千百世后有真作者出,自能知之耳。

愚尝论自明代创时文之体,其大指曰代圣贤立言,其浅陋乱道者勿论矣,即名家说理至精,终于己无涉,然犹曰其体然也。乃今之著书为古文自诩名家者,除乱道外,悉是向他人借口,而考其人之行,无一掩焉者也。盖原是一副浅陋时文伎俩,但易其面目而已,全无根柢也。

自昔仁贤豪杰伟德殊功非常之迹,必待文士之雄而后能盛传于世,苟或所托不得其人,将暗而不章,郁而不发,而梼杌嵬琐奸回凶慝之行可幸而掩也。故李习之、曾子固每论之,而归熙甫又恨足迹不出里闬,所见所闻无奇节伟行可纪。是二者交须甚殷,而恒不相遇,为可惜也。且如《张中丞传后序》《段太尉逸事状》,韩文公宣慰王庭凑,得韩、柳、李习之传之,而至今如在人耳目,而李习之骂李逢吉,今读其传,竟不知其何所云也。李论见《答皇甫湜书》及《百官行状奏》,曾论见《南齐书序》及《寄欧阳舍人书》。

《唐书·李翱传》称翱为史馆修撰,尝谓史官纪事不得实,乃建言:"大抵人之行,非①大善大恶暴于世者,皆访于人,人不周知,故取行状谥牒。然其为状者皆故吏门生,苟言虚美,溺于文而忘其理,臣请指事载功,则贤不肖易见。不者,愿敕考功、太常、史馆勿受,如此可以传信后世矣。"

---

① "大抵人之行"下原有"状"字,据《唐书》删,"非"字据《唐书》补。

序纂

　　横渠张子曰："心中苟有所开，即便札记，不则还塞之矣。"余按张子此言，为学人用功之法，非著书也，而亦可为著书之法。余著《待定录》壹百余卷，皆历年逐日所记，有读书心解新益者，又触事开悟者，每梦寐枕上及舟车尘土之间，忧愁病苦之余，随事有获，即便札记，用以释己之疑，明己之未达，以备他日考验学之进退，非著书也。盖过时之心天光易闭，老子所谓"恍惚中有象"，东坡所云"火急追亡逋"也。故尝中夜吹灯，茅店发箧，然犹觉而失之，过而不能忆者甚多。若夫圣人之徒，道周性全，自不必尔。故张子著《正蒙》，程子讥之曰："子厚何以如此不熟！"然窃谓圣人之心虽万理毕备，亦必不一时俱现，故孟子称舜"及其闻一善言，见一善行，沛然若决江河，莫之能御"，而孔子于子夏论《诗》，喜曰"起予"，又曰"回非助我"，则圣心虽周于道，无以触之，亦不发，故曰"圣人学于万物"。后见张杨园《甲申问目》云："昔子张子为札记之语，子朱子释之曰：疑义有所通，随即札记，则已得者可以不忘，未得者可以有进。不记则思不起，犹山溪之径，不用则茅塞之矣。"私喜蒙与前贤暗合。

　　余所著《待定录》，于身心性命之旨，修己接物之方，体验甚悉，亦容有补于前贤，益于学者，虽与诸子著书自见其道术者不同，而差胜于文章之士。尝自为之赞曰："博学笃志，切问近思。求仁之术，西河是师。追惟平生，否之匪人。维瘠思善，有获必新。理本大同,心有先得。削其雷同,务绝剿说。虽知无文,行而不远。惟布与菽,其又可贬。匪曰振德,惟以自薰。知德君子,庶鉴予勤。"宋李觏自序其文曰:"天将寿我与?所为固未足也,不然,斯亦足以藉手见古人矣。"葛稚川云:"渊博洽闻者寡,而意断妄说者众。余书虽不足以藏名山石室,且欲缄金匮以示识者,其不可与言者不令见也。贵使来世好者有释其惑,岂求信于不信者哉?"顾亭林作《音学五书》成,与吕子德书云:"吾书非托之足下,其谁传之?今抄一帙付往。考古之后,日知所亡,不能无所增益,则此书犹未得为定本也。"呜呼,是皆先得我心者矣!

《汉学商兑》序略:"余平生观书,不喜异说,少时亦尝泛滥百家,惟于朱子之言有独契,觉其言言当于人心,无毫发不合,直与孔、曾、思、孟无二。以观他家,则皆不能无疑滞焉。故见后人著书,凡与朱子为难者辄恚恨,以为人性何以若是其蔽也。故凡今之所辨,惟在毒螫朱子、悖义理、误学术者。至制度名物训诂之异同是非,自汉唐传注义疏所不能一,无关宏旨,不强论焉。"周栎园《书影》言:"昔有鹦武,飞集陀山,乃山中大火,鹦武遥见,入水濡羽,飞而洒之。天神言尔虽有志意,何足云也。对曰:'尝侨居是山,不忍见耳。'天神嘉感,即为灭火。"余著此书,亦鹦武翼间水耳。

唐高达夫年过五十始学为诗,每一篇出,人争讽之。而李少贞五十不复留意文章，人问之，慨然曰："五十之年，倏焉而过。鬓垂发素，筋力已衰。宦意文情，一时尽矣。"余每念此，为之悽然。然窃以此皆不如崔元晖耽思经术为近道也。昔朱子临殁之前四日，犹改《大学章句》，吕东莱作《大事记》时已感疾，限一日成一年。明王恕撰《石渠意见》《拾遗》《补阙》自序，称"作《意见》时八十四，作《拾遗》时八十六，作《补阙》时八十八"。孙征君钟元自言"七十岁功夫较六十而密，八十岁功夫较七十而密，九十岁功夫较八十而密"。晋傅休奕言"年八十而不倦于书籍者，吾于胡孔明见之"。见臧荣绪《晋书》。宋傅隆年过七十，手写书籍。三国蜀向郎少时涉猎文学，以吏能见称，自去长吏，优游无事，垂二十年，乃更潜心典籍，孜孜不倦，年逾八十，犹手自校书，刊定缪误。每开门接宾，诱纳后进，但讲论古义，不干时事，遗言戒子以守和为贵。何义门云："二十年之功，何书不可读，老而好学，正吾侪过时者所宜师法也。系之以诗，愿窃比焉：老至能好学，巨达讵非贤。少时颇涉猎，翻用吏能牵。一自去长吏，优游二十年。典籍更潜心，素检亦称焉。古义但来讲，时事都不干。孜孜逾八十，缪误手自刊。聚卷最一时，通借良所便。不随许胡辈，矜妒保丛残。多识到文豹，沾沾事业传。遗言犹可纪，表里贵和篇。"此何校《三国志》语，《读书记》未载，余为整齐而节存之。南齐沈麟士年过八十，手写细书，满数十箧，岂以衰老自委乎？此皆可谓耄而好学矣。若夫卫武公、孔子、蘧伯玉，方且抑抑惕惕，求寡过，务进德，不知年数之不足。胡广年八十，犹执子礼。管幼安笃老而祭祀必亲,又非仅著述而已。刘静修《告先圣文》云:"早因疏狂,若将有志。中实脆弱,未立已颓。"虞道园云:"少则持未成之学以出,及粗闻用力之要,而血气衰,憪然有不及之叹。"吴康斋云:"病体衰惫,家务相缠,中心日以鄙诈,外貌日以暴慢。"是皆有罪己省愆之意,而无究竟,不如杨斛山言"年逾五十,血气渐衰,老景将至,尚幸残生未泯,欲自刻厉,求免恶终"云云,此与曾子"启手足"意同。要之,以死而后免。《诗》曰:"此日斯迈,而月斯征。夙兴夜寐,毋忝尔所生。"永念庭闱,载缠哀酷,历思疚瘝,悲憾实多,无以为心,惟有痛自刻厉,毋忝所生而已。孟瓶庵云:"谈性命则前儒之书已详,不如归诸实践;博记问则将衰之年不及,不如反诸身心。自遭忧病困以来,万念皆空,万缘皆淡。今思之,空空淡淡,如何可了吾事?直须刻意补过,努力为善,乃得耳。"呜乎,是皆吾师矣!

　　藏书满家,好而读之;著书满家,刊而传之。诚为学士之雅素。然陈编万卷,浩如烟海,苟学不知要,敝精耗神,与之毕世,验之身心性命,试之国计民生,无些子益处。身死之日,徒以此书还之于世,留赠后人,与好货财、置服器何异?此只谓之嗜好,不可谓之学。必如东坡《李氏山房藏书记》所云:"涉其流,探其源,采剥其华实而咀嚼其膏味,以为己有,发于文词,见于行事,而书固自如也,未尝少损,将以遗来者,供其无穷之求而各足其才分之所当得",然此亦言其末而未及其本。君子之学,崇德修慝辨惑,惩忿窒欲,迁善改过,修之于身,以齐家治国平天下。穷则独善,达则兼善,明体达用,以求至善之止而已。不然,虽著述等身,而世不可欺也。

图书在版编目（ＣＩＰ）数据

　　书林扬觯／（清）方东树著.--上海：华东师范大学出
版社，2011.12
　　（国学初阶）
　　ISBN 978-7-5617-9140-0

　　Ⅰ.①书…Ⅱ.①方…Ⅲ.①古文献学－学究Ⅳ.
G256.1

中国版本图书馆CIP数据核字(2011)第251432号

国学初阶
书林扬觯

著　　　者　（清）方东树
点 校 者　李花蕾
特约编辑　黄曙辉
项目编辑　庞　坚
封面题签　唐吟方
装帧设计　卢晓红

出版发行　华东师范大学出版社
社　　址　上海市中山北路3663号　邮编200062
网　　址　www.ecnupress.com.cn
电　　话　021-60821666　行政传真　021-62572105
客服电话　021-62865537
门市（邮购）电话　021-62869887
地　　址　上海市中山北路3663号华东师范大学校内先锋路口
网　　店　http://hdsdcbs.tmall.com

印 刷 者　苏州工业园区美柯乐制版印务有限公司
开　　本　787×1092　32开
印　　张　4
字　　数　86千字
版　　次　2015年1月第1版
印　　次　2015年1月第1次
书　　号　ISBN 978-7-5617-9140-0/I·836
定　　价　18.00元

出版人　王　焰